Quiero vender

El camino del sueldo seguro a la empresa propia

Daniel Colombo

I I S
HOJAS DEL SUR
Buenos Aires
www.hojasdelsur.com

Quiero vender
Daniel Colombo

1a edición

Editorial Hojas del Sur S.A.
Albarellos 3016
Buenos Aires, C1419FSU, Argentina
e-mail: info@hojasdelsur.com
www.hojasdelsur.com

ISBN 978-987-1882-59-5

Impreso en los talleres gráficos Del Reino Impresores S.R.L.
Cerrito 1169, Bernal Oeste, Buenos Aires, Argentina
Abril de 2017
Tirada: 2.000 ejemplares

Dirección editorial: Andrés Mego
Edición: Silvana Freddi
Diseño de portada: Arte Hojas del Sur
Diseño de interior: AADG / www.about.me/aadg

Colombo, Daniel
    Quiero vender : El camino del sueldo seguro a la empresa propia - 1a ed. -
Ciudad Autónoma de Buenos Aires : Hojas del Sur, 2017.
    192 p. ; 21 x 14 cm.

    ISBN 978-987-1882-59-5
    1. Microempresa. 2. Negocios. I. Título.
    CDD 338.642

Índice

Introducción

No existe empresa, organización o entidad que no necesite comunicar algo, independientemente del rubro o segmento al que pertenezca. Y existen tantas formas de comunicar como empresas en el mercado. Cada una de las organizaciones posee sus particularidades intrínsecas: características de tamaño y organización, identidad corporativa, cultura empresarial, historia, cantidad de empleados, organigrama interno, relación con sus clientes, relación con la comunidad, visión, misión, valores, responsabilidad social empresaria, etcétera.

Así como no hay dos empresas exactamente iguales, no existen tampoco dos necesidades idénticas de comunicación. Por tanto, a cada empresa le cabe un plan, una estrategia y unas tácticas de comunicación exclusivas, en pos de un objetivo particular. Si bien es cierto que existen muchísimas maneras de comunicar, es imprescindible saber a quién llegar, cómo, cuándo y por qué, generando diferentes canales de comunicación. Estas herramientas correctamente utilizadas son clave para el éxito en los diferentes negocios que decidas poner en marcha. Mantener sólidas campañas promocionales, establecer contactos con el público target e implementar tácticas de comunicación desarrolladas por profesionales son parte de esta visión estratégica que, sostenida en el tiempo, permite obtener los resultados buscados en el plan de negocios.

No solo la comunicación es importante para que nuestro negocio o proyecto se sustente y crezca en el tiempo, sino que también necesitamos de creatividad y observación. Ambas tienen un valor inestimable para la planificación estratégica de la comunicación institucional y corporativa. El resultado de la fórmula *creatividad + observación* permite vislumbrar el camino más adecuado para alcanzar el objetivo, aún en medio de cientos de otras alternativas disponibles.

La creatividad es fundamental para hallar "el diferencial", que es, nada más y nada menos, que el punto clave el elemento que distingue una cosa de otra, el factor dónde hacer énfasis y que suele ser el eje de todo plan de comunicación exitoso. Pero creatividad no es solo pensamiento intangible. Cuando hablamos de creatividad debemos pensar en un proceso que, además de la idea, incluye la iniciativa, las pruebas y errores, la puesta en práctica y una ardua labor de concreción de ese plan, lo que implica, claro está, un trabajo constantemente hasta alcanzar el objetivo.

La observación es fundamental para el análisis: cómo es el mercado, qué está haciendo la competencia, cuál es la mejor estrategia para alcanzar el objetivo, qué tácticas utilizar y cuáles desechar, cuándo realizar un anuncio, cuándo realizar una acción específica, dónde hacer foco con la comunicación, cómo "crear" una noticia y muchos otros etcéteras. Y luego de un exhaustivo análisis, como resultado de la observación minuciosa de un ojo entrenado y experto, debe ponerse todos los datos "sobre la mesa" para que comience a actuar la creatividad.

Este libro no se trata de un enfoque teórico, hay demasiados textos sobre teoría de la comunicación, publicidad, marketing y relaciones públicas. Esta obra se basa en ejemplos prácticos, en el día a día, en lo que sucede cuando salimos al mercado con nuestra propuesta y necesitamos obtener resultados, porque en los negocios, al igual que en la vida, se nos mide por los resultados. En cada capítulo encontrarás casos concretos y reales que he respondido en los últimos años —tanto en publicaciones donde colaboro regularmente, como en charlas, seminarios y asesoramientos personalizados—, miradas específicas, planes de acción y lo que necesitas para ponerte en marcha. El objetivo es brindarte ejemplos reales, planes estratégicos y miles de ideas que pueden servirte de inspiración.[1]

Estoy seguro que cada uno de estos casos será de mucha utilidad y te ayudará a comprender la metodología, cómo opera la fórmula, y también a despertar la curiosidad y las ganas de vender más, mejorando tu comunicación.

Solo resta que observes a tu alrededor, tomes un lápiz y un papel, y comiences a dejar fluir tu creatividad. ¡A trabajar, que el éxito te espera!

---

1. Los nombres y apellidos mencionados en los capítulos son ficticios.

CAPÍTULO 1

Cómo mejorar una empresa en marcha

Como una forma de sumar más recursos para asistirte en el proceso de crecer, aprender y avanzar, en cada capítulo de este libro encontrarás un abordaje particular a modo de síntesis y guía de ruta. Espero que sea de utilidad para fortalecerte en lo personal, profesional y comercial.

En entornos cambiantes a veces se hace dificultoso observar y sostener en el tiempo el enfoque, la energía y el direccionamiento de la empresa que construimos con mucho esfuerzo y dedicación. La brújula interna de los directivos, los fundadores y los propios colaboradores, parece haberse resignado a andar a tientas, atravesando muchas veces todo tipo de desafíos y complicaciones. Sin embargo, es posible recobrar ese entusiasmo y claridad inicial si tomamos conciencia del valor de cada experiencia por la que vamos atravesando.

En el mundo del emprendedor y las empresas suele

afirmarse que solo un 5% de ellas sobreviven el quinto año, y, en ese caso, tienen muchas más chances de perdurar en el tiempo. Estadísticas aparte, lo cierto es que la actitud determina el objetivo central del fortalecimiento de los negocios en marcha. Es por eso que para mejorar hace falta integrar el conocimiento propio de las vivencias y cada actividad con las herramientas duras de análisis de finanzas, flujo de fondos, "misión", "visión" y valores. Estos puntos son determinantes para sentar las bases de un crecimiento sostenido y que se pueda proyectar muchos años más.

El mismo proceso viven las empresas que siguen adelante más allá de sus dueños, fusiones, adquisiciones o herencias familiares. Y cada una de estas tiene sus particularidades, como veremos más adelante.

Cinco puntos a tener en cuenta:

1. Analiza el proceso

Hay muchas herramientas técnicas que los profesionales de administración de empresas y expertos conocen muy bien. Contar con información es muy valioso como forma de saber qué podemos mejorar y de qué forma hacerlo.

2. Verifica la toma de decisiones

En ciertos casos, la multiplicidad de actores —desde el dueño hasta los niveles de mandos medios— determinan diferentes niveles de definiciones que, en el tiempo, pueden ser estratégicas y definitorias del éxito

—o no— de la empresa. Lo ideal es concentrar en un pequeño grupo —llamado "mesa chica"— la información, para así, entre todos, arribar a conclusiones.

3. No temas al consenso

Para mejorar es indispensable sumar voluntades. Tanto dentro como fuera de la empresa hay jugadores clave que permiten seguir funcionando. Es el caso de los empleados o colaboradores directos de todas las áreas, y de los proveedores esenciales. Busca formas alternativas para crear sentido de pertenencia, consultas, y todo ida y vuelta que contribuya a mejorar y motivarse permanentemente.

4. Crea diferenciales respecto a la competencia

Uno de los errores frecuentes es perder la noción de cómo está el mercado en el que nos movemos. Es posible que muchos años atrás hayamos sido los únicos en la actividad, y eso nos permitió transformarnos en líderes. Sin embargo, en el mundo de hoy eso no alcanza. Hay que distinguirse de verdad y sumar valor agregado todo el tiempo.

5. Recapitula y empieza de nuevo

Si hay errores que el tiempo ha contrastado con resultados poco favorables, no temas iniciar de nuevo. Empieza nuevamente desde el punto justo donde se produjo el desvío; corrige, mide el proceso, implementa mejoras y consolida el camino: lo que viene será mejor, enriquecido por la experiencia ya vivida.

Te invito ahora a analizar más en detalle cómo llevar en práctica estas sugerencias mediante algunos ejemplos que pueden servir como marco de referencia:

EJEMPLO 1
INDUMENTARIA - BUSCANDO EL CRECIMIENTO - PYME

Desafío:
Mi nombre es Ester Perdomo. Soy diseñadora y tengo un pequeño emprendimiento de indumentaria empresarial que ya está funcionando. La calidad del servicio y del producto es excelente, solo me falta encontrar la manera de sacar rédito. ¿Será que la clave está en la comercialización?

Respuesta:
Sin tener mayores detalles sobre aspectos clave como los años que llevas en el negocio, cuál es el circuito comercial que estás aplicando o el target de producto al que te diriges —entre otros—, existen algunas primeras apreciaciones:

1) Estimo que trabajas sola, diseñando y tercerizando la producción. Frecuentemente esto debe sumirte en un desgaste de energía personal al tener que coordinar todas las tareas al mismo tiempo. ¿Cómo te llevas con tu agenda y otros sistemas de organización empresarial? Este puede

ser un buen punto de partida para revisar los procesos de tu negocio. Resolviendo el tema de tu organización personal aplicada al desarrollo de tu negocio podrás tener más tiempo disponible para planificar.

2) Diseña un plan de negocios: Esta es una herramienta clave para que puedas desarrollarte con éxito, expandirte, y dedicarte a lo que sabes y lo que más te gusta: diseñar. Los asesores de empresas —hay muchos que trabajan para el segmento PYME— podrán brindarte el apoyo necesario.

3) Mejorando la rentabilidad: Hay varias fórmulas que puedes aplicar o adaptar a tu negocio a fin de aumentar el rendimiento. El solo hecho de aumentar tu producción y tus ventas no necesariamente te llevará a mejorar la rentabilidad. Te sugiero que revises la política de precios, formas de pago que aceptas —incluyendo los proyectados inflacionarios previstos para este año—, los costos fijos y variables, y los imponderables que suceden en la operatoria diaria. Luego, puedes iniciar un proceso de negociación de mejores costos con los servicios tercerizados. La intención es que, si diseñas tu plan de negocios, puedas tener una "brújula" que te oriente en este sentido, para así saber dónde estás parada actualmente y cuál es la meta a la que deseas llegar.

4) Captando nuevos clientes: ¿Tienes *website*?, ¿cómo se promociona? Cuando mencionas "el producto es excelente", ¿con quiénes te comparas? ¿Cómo se mueve tu

competencia directa e indirecta?, ¿quiénes son los competidores? Piensa que, en tu mercado, competencia es todo aquel que ofrezca soluciones de indumentaria empresarial, y no necesariamente se dedican exclusivamente a ello, por ejemplo, las grandes marcas, que están abriendo sus departamentos de asesoramiento corporativo.

5) Marcando tendencia: Como diseñadora, sabes que puedes marcar tendencia. ¿Qué tal diferenciarse organizando un evento anual donde muestres lo nuevo que viene? Se trata de un desfile y muestra comercial al que puedes invitar a tus clientes actuales y potenciales, prensa especializada en indumentaria e industria textil, y demás contactos que, potencialmente y en conjunto, puedan contribuir al crecimiento de tu empresa.

Recuerda que el éxito es solo de aquellos que se animan a experimentarlo.

Uno de los secretos del éxito empresario consiste no en hacer uno mismo el trabajo, sino en reconocer al hombre apropiado para hacerlo.
—Andrew Carnegie, industrial y empresario de Estados Unidos, fundador de U. S. Steel.

PLAN DE ACCIÓN - Ideas y próximos pasos:

1. Revisa los procesos de tu negocio

2. Ten cuidado con el desgaste de energía personal
3. No descartes delegar parte de tus tareas
4. Optimiza tu agenda y otros sistemas de organización empresarial
5. Procura tener un tiempo disponible para planificar
6. Recuerda que un plan de negocios es una herramienta clave para poder desarrollarte con éxito
7. No descartes la participación de asesores de empresas
8. Aplica estrategias para mejorar tu rentabilidad
9. Sabe que aumentar tu producción y ventas no necesariamente mejorará tu rentabilidad
10. Analiza tu política de precios
11. Revisa los costos fijos y variables, y los imponderables diarios
12. Dispón de un *website* para mostrar tus productos
13. Observa cómo se mueve tu competencia directa e indirecta
14. Busca alternativas para promocionarte
15. Procura diferenciarte y marcar tendencia
16. Organiza un evento anual donde muestres lo nuevo que viene
17. Da participación a tus clientes actuales
18. No olvides invitar a tus potenciales clientes
19. Incluye a la prensa especializada en indumentaria e industria textil
20. Sabe que si encuentras colaboradores apropiados no necesitas hacer sola todo el trabajo

EJEMPLO 2
IMPRENTA - BUSCANDO EL CRECIMIENTO - PYME

Desafío:

Hace un año y medio que tengo una imprenta. No consigo entrar en las empresas, por chicas que sean. Mi forma de buscar clientes es personalizada, puerta a puerta en los locales. Me presento con un volante o con alguna promoción. En las empresas logro llegar hasta la recepcionista, a la que le dejo un sobre cerrado para el departamento de Compras con información sobre los trabajos que realizo, dirección, e-mail, página web. *Sin embargo, busco ir más allá. ¿Cómo puedo promocionar mejor mi negocio y cerrar más ventas?*

Respuesta:

Uno de los mayores desafíos es poner en marcha nuestras empresas, haciéndolas funcionar y que sean rentables. Aquí van algunas sugerencias:

1) Por el tipo de producto que promueves, como bien señalas, uno de los destinatarios es el departamento de Compras, aunque no el único. Es conveniente que prepares presentaciones individuales, personalizadas, para cada público que deseas contactar. Es cierto que el tramo final de contrataciones en una empresa suele ser "Compras", aunque en empresas medianas y grandes, los primeros pasos suelen pasar por los departamentos de Marketing o Comerciales, según el caso. En este sentido: ¿conoces

quién es quién en esa empresa con la que deseas trabajar?, ¿sabes su nombre y apellido, o cuántos años tiene?, ¿trabajan con algún proveedor desde hace años?, ¿qué tipo de materiales imprimen? Estas preguntas son clave para elaborar propuestas "a medida", lo cual te dará, inevitablemente, una gran ventaja competitiva.

2) ¿Cómo relevar esa información? Los *websites* son sumamente útiles. Aunque también puedes suscribirse a sus *newsletters*, mirar las guías telefónicas para ver cuántas líneas de teléfono fijo tienen te dará una pauta de la dimensión de negocio en el que se mueven, incluso quizás publiquen avisos en esas secciones. ¿Hacen publicidad?, ¿en qué medios?, ¿cómo es el diseño gráfico de esos avisos? Usualmente, una empresa utiliza diseños parecidos en folletos, *flyers*, calcomanías y papelería comercial. ¡Allí tienes una clave importante de información estratégica para preparar tu propuesta!

3) Arma tu base de datos: Quizás volantear y tocar timbres es una estrategia apropiada, aunque si no estás consiguiendo las metas deseadas, tal vez debas considerar pasar al "Plan B" y cambiar la estrategia. Detecta las empresas del nicho al que te gustaría contactar. Busca información en todas las fuentes posibles. Pide datos a tus propios amigos y conocidos, te sorprenderás con la cantidad de gente que quiere ayudarte a desarrollar tu negocio. Luego, conoce a fondo esos *prospects* (potenciales clientes), y

recién entonces prepara las propuestas. Escribe una excelente carta de presentación, sobre papel e impresiones de membrete de excelente calidad. Esa primera impresión, en tu negocio, como en cualquier otro, es determinante del éxito de la gestión.

4) ¿Puedes garantizar entregas en tiempo y forma? Uno de los aspectos detonantes del quiebre de una relación comercial con cualquier imprenta con la que trabaja una empresa es la falla en el cumplimiento de los plazos de entrega. ¿Tú puedes asegurar cumplirlo con un 100% de garantía? De ser así, ¿qué tal si creas un "Certificado del 50% de descuento sobre el valor total si se produce de su parte una demora en la entrega"? Esta acción, que puede parecer agresiva ante la competencia, para ti sumaría un valor agregado importante: estás tan seguro de tu negocio y excelencia profesional que eres capaz de resignar el 50% de tu ganancia, para que: (a) conozcan tu producto y empresa, y (b) tengan la certeza de que harás todo lo que esté a tu alcance para cumplir los plazos estipulados. Por supuesto que en tu ecuación de estructura de costos deberás considerar esto, desde los números, insumos, etcétera; no obstante, recuerda que estás invirtiendo en darte a conocer.

5) Contacta a las secretarias ejecutivas de las empresas: Más allá de las recepcionistas, el nivel de secretarias muchas veces es sumamente influyente, y se encarga de canalizar los impresos (por ejemplo, reimpresión de tarjetas

personales). Algo pequeño como esto puede abrirte grandes puertas a futuro si cumples los plazos, la calidad y vas estableciendo esos vínculos personalizados tan necesarios para captar y fidelizar al cliente.

6) Haz seguimiento de la competencia directa e indirecta: Conoce cómo hacen los más grandes del sector. Releva información en Internet y prográmate alertas de noticias en la *web* sobre aquellas empresas relacionadas con tu sector; de esta manera sabrás por dónde se van moviendo, cómo se comunican, qué tecnología están aplicando, y podrás ir tomando elementos de base para hacer crecer tu negocio.

7) Contacta estudios de diseño gráfico: Hay miles de diseñadores independientes que permanentemente trabajan con imprentas de todo tipo. Establece un vínculo profesional con ellos; ofréceles buenas comisiones ante trabajos que te deriven, y así, en un "ganar = ganar", todos salen beneficiados. De esta forma te asegurarás un buen flujo de trabajos todo el año.

8) Recuerda hacer tu plan de negocios. Un plan realista, con metas alcanzables y medibles, es una herramienta fundamental para desarrollar tu empresa. Los asesores financieros y otros especialistas podrán asistirte en la tarea. No dejes de lado este aspecto, sobre todo en un mercado donde los costos de insumos se cotizan a valor dólar y van cambiando día a día.

Recuerda que **"la peor idea es aquella que no se pone en práctica"**, por lo tanto, la excelencia es un hábito que podemos desarrollar día a día.

PLAN DE ACCIÓN - Ideas y próximos pasos:

1. Prepara presentaciones individuales y personalizadas
2. Segmenta las presentaciones para cada público que deseas contactar
3. Recuerda que no siempre es recomendable llegar directamente al departamento de Compras
4. Conoce acerca de la empresa a la cual le ofrecerás tus productos
5. Sabe qué tipo de materiales imprimen
6. Averigua acerca de los decisores de compra en las potenciales empresas clientes
7. Recuerda que la información es una gran ventaja competitiva
8. Usa los *websites* de las empresas para ver información clave para tu propuesta
9. Suscríbete a los *newsletters* de tus potenciales clientes
10. Si tu estrategia no está dando los resultados esperados, es tiempo de pasar al "Plan B"
11. Detecta las empresas del nicho al que te gustaría contactar

12. Escribe una carta de presentación sobre papel e impresiones de excelente calidad
13. Asegura con un 100% de garantía los plazos de entrega
14. Crea un "Certificado del 50% de descuento si se producen demoras en la entrega"
15. Contacta a las secretarias ejecutivas de las empresas
16. Sabe que un trabajo pequeño puede abrirte grandes puertas a futuro
17. Haz seguimiento de la competencia directa e indirecta
18. Contacta estudios de diseño gráfico
19. No olvides a los diseñadores independientes que trabajan con imprentas de todo tipo
20. Haz un plan de negocios realista, con metas alcanzables y medibles

EJEMPLO 3
TALLERES MECÁNICOS - BUSCANDO
EL CRECIMIENTO - PYMES

Desafío:

Me llamo Aldo y tengo una rectificadora de motores de motos que abrí hace seis años con un socio. Si bien poseo buenas referencias en el mercado por la calidad de mis trabajos, me cuesta saber cómo tener más llegada a clientes nuevos, ya que el rubro es limitado. No sé bien cómo hacer para promocionarme.

Respuesta:

El proceso de captación de clientes tiene muchos costados. Es una tarea conjunta, sobre todo para saber cuáles son las fortalezas y cuáles las debilidades de lo que has experimentado hasta el presente, y corregir lo que deba hacerse de aquí en más.

Aquí van diez ideas que pueden ser de ayuda:

1) Revisa la experiencia de estos seis años. Analiza caso por caso. ¿Cuál fue el más exitoso?, ¿con qué cliente tuviste algún tipo de reclamo posterior o inconveniente?, ¿cómo es la relación con proveedores de repuestos? Estas y otras preguntas clave te darán valiosa información sobre qué puedes seguir manteniendo como política de calidad de tu empresa y en qué aspectos deberías mejorar.

2) Busca los diferenciales: Aun si el mercado es pequeño y segmentado, como parece ser tu caso, siempre hay oportunidad de distinguirse. Rectificar motores puede seguir siendo tu actividad principal, sin embargo, podrías adicionar una serie de productos e insumos para las motos, como valor agregado.

3) Lo que la gente busca de un especialista en mecánica: Sabes bien que el tema de la reputación y comentarios "boca-oreja" entre la gente es fundamental a la hora de generar mayores consultas y clientes. En este aspecto, siempre existe el fantasma y el mito de que los mecánicos

y rectificadores cobran de más, y cosas por el estilo. Solución: transparenta el proceso. ¿Cómo lograrlo? Se me ocurre tener a la vista un motor de moto "diseccionado", como si se tratara de una clase de anatomía, con el que podrías mostrar en el momento cuál es el problema, dónde está, cómo se soluciona, qué está fallando.

4) Prepara un video sobre tu trabajo: Diseña un blog con información actualizada sobre el mercado de motos —en Internet hay por lo menos unos trescientos cincuenta sitios dedicados específicamente a novedades del rubro—, y, adicionalmente, dedica un buen espacio a detallar el proceso de rectificación de motores y lo que hay que tener en cuenta, entre otros aspectos. Con un video podrás graficar el proceso y, de paso, hacer más tangible el trabajo que vienes haciendo puertas hacia adentro.

5) Establece contactos con los clubes de fanáticos de las motos. Realiza una promoción especial de descuentos o de ciertas verificaciones; ofrece participar divulgando sus eventos —por ejemplo, las carreras que organizan— con afiches que podrás colgar en tu negocio.

6) Genera un certificado de "100% garantizado". Si no lo tienes o si la garantía posterior a cada arreglo la das en forma verbal, es bueno que formalices tus palabras mediante un certificado que sea tangible para el cliente.

7) Ofrece un beneficio especial a tus clientes actuales: Por ejemplo, cada vez que entregues un motor rectificado, obsequia un 20% de descuento —o cierta cantidad de dinero— en un *voucher* o cheque a la orden del titular del motor, para ser utilizado ante cualquier otra necesidad que tú puedas resolver. También podrás armar un circuito de otras casas de motos que no brinden específicamente rectificación, y diseñar un "club de beneficios", que podrá trasladarse mutuamente. Es un "ganar = ganar" para todos.

8) ¿Quién es tu competencia directa e indirecta? Partiendo de este análisis, podrás revisar exhaustivamente qué hace la competencia, cómo comunica, cuál es el lenguaje apropiado, dónde hace publicidad.

9) Genera un encuentro anual que sume valor a quienes son tus clientes actuales y potenciales: Crea una actividad, celebración, acción benéfica o festejo de algún tipo, convocando a quienes ya te conocen y a posibles usuarios nuevos. Tu marca adquirirá mayor visibilidad y pregnancia (presencia, consistencia, fijación) en la mente del consumidor.

10) Obsequia suscripciones a revistas sobre motos: Compra a valor preferencial algunas suscripciones y realiza un sorteo mensual entre tus clientes. El valor percibido de esta acción es realmente alto: tú les estarás "regalando" una suscripción a determinada revista. Otra opción es

que compres ejemplares atrasados de varias revistas sobre motos, y, ante cada entrega de un motor rectificado —o ante una venta que supere determinado valor— podrás obsequiar un paquete con dos o tres revistas. Recuerda colocar siempre una calcomanía con tus datos en la tapa de cada revista, en el sobre donde las entregues, etcétera. De esta forma, tu marca será cada vez más conocida. Es altamente probable que ese cliente te recomiende.

Perseverar es la clave; incorporar nuevo conocimiento y herramientas profesionales, como mejorar la comunicación de tu empresa, es fundamental. Y adecuarse a los tiempos que corren, también.

Hay una fuerza motriz más poderosa que el valor, la electricidad y la energía atómica: la voluntad.

—Albert Einstein, el científico más reconocido del Siglo XX, Premio Nobel de Física.

PLAN DE ACCIÓN - Ideas y próximos pasos:

1. Revisa la experiencia desde el inicio de tu negocio
2. Analiza tus "casos de éxito"
3. Sabe que siempre puedes distinguirte, aun en los mercados más pequeños
4. Piensa en adicionar nuevos servicios y productos relacionados

5. Sabe que los comentarios "boca-oreja" son fundamentales
6. Transparenta el proceso de trabajo hacia el cliente
7. Muestra cuál es el problema y cómo se soluciona
8. Haz un video sobre tu trabajo
9. Diseña un blog con información sobre el mercado de motos
10. Establece contactos con los clubes de motoqueros
11. Realiza una promoción especial de descuentos
12. Formaliza tus palabras
13. Genera un certificado de "100% garantizado"
14. Diseña un "club de beneficios"
15. Observa qué hace la competencia
16. Verifica cómo comunica y cuál es el lenguaje apropiado
17. Crea una actividad, celebración o acción benéfica que te dé visibilidad
18. Obsequia suscripciones a revistas sobre motos
19. Coloca siempre una calcomanía con tus datos
20. Incorpora nuevas herramientas de comunicación

Transformando un emprendimiento familiar en una empresa - Cómo hacer crecer una empresa familiar

La influencia entre los integrantes de una familia determina en gran modo el éxito de las empresas de este origen. Podría afirmarse, avalado en gran cantidad de estudios y precisiones internacionales, que el emprendimiento familiar tiene casi la misma personalidad que los dueños. Esto se traduce en un temperamento, carácter, y motivadores internos y externos, y también en muchos "boicoteadores" propios de las relaciones humanas.

Desde un punto de vista socioeconómico, muchas veces son grandes pilares de la economía de los países. El caso típico es el del cuentapropista que inició un pequeño negocio y fue creciendo hasta convertirse en una gran empresa, e incluso, logró expandirse a nivel internacional.

Sin embargo, la configuración particular de las empresas familiares está determinada por el vínculo entre sus miembros directos, y los que se van agregando a futuro —nueras, cuñados, primos y demás parientes—. Imagina entonces que si a veces es difícil gestionar la familia, es mucho más complejo cuando esto mismo se lleva al plano de la empresa.

Una de las características principales es que el control y la propiedad están en la misma persona. Esta es la razón por la cual adoptan en muchos casos la personalidad de los dueños, y todo está atravesado por su filosofía, sobre todo cuando funciona.

Otro aspecto relevante es el hereditario, cuando el fundador deja este plano físico y son sus sucesores los que continúan la actividad. En más del 70% de los casos no logran subsistir por las diferencias de visión entre la original y la actual, y el resto sí lo hacen porque logran reconvertirse.

Siete claves para no perder la familia por la empresa

1. Determina con claridad los roles y atribuciones
Una correcta gestión de las emociones familiares, y la diferenciación entre el mundo de la empresa y la mesa de los domingos serán esenciales para lograr sostener este cometido.

2. Busca profesionalizarte permanentemente
Por la misma dinámica familiar o por presión de sus miembros, por lo general quien encabeza la empresa

busca incluir a los parientes en puestos de conducción. Esto obedece a cuestiones de aparente confianza o favores ligados a lo afectivo, sin embargo, se trata de un error: podrás liderar mejor con desconocidos, a quienes motivarás y encauzarás en base a sus destrezas y habilidades. Puedes mantener a los familiares en un directorio o mesa consultiva.

3. No tomes parientes como empleados

Este es otro error muy frecuente que, a la larga, sale mal. Puede que encuentres personas altamente involucradas con tu empresariado, aunque por lo general, el cuento sale mal, y desgastarás no solo lo empresarial sino, más grave, lo familiar.

4. Las empresas familiares bien gerenciadas son más flexibles

Independientemente de la estructura y cómo hayan crecido, desde un emprendimiento unipersonal hasta una mega compañía con filiales alrededor del mundo, al haber nacido de una cultura especial y única, son más flexibles a los cambios. Además, la toma de decisiones suele ser más rápida, puesto que generalmente incluye a los directos involucrados en las ganancias.

5. Tienen aversión al riesgo

La contracara de lo anterior es que el crecimiento puede ser más lento si se mantiene como un clan familiar, porque de esta forma piensan que pueden replicar el mismo proceso natural de crecimiento de la vida: paso a paso. En el mundo de los negocios, esto no siempre funciona, muchas veces se requiere ser más rápido para seguir en una posición competitiva. En conclusión, las empresas familiares son más conservadoras.

6. Pueden tener dificultad para fijar objetivos a largo plazo

Los procesos sucesorios, la aparición de hijos, nietos y otros vínculos familiares, conforman una trama compleja que necesitarán evaluar concienzudamente para encarar el paso que quieran dar: ser una empresa o mantenerse en su pequeño esquema familiar-comercial.

7. El crecimiento es ilimitado

Esta es una muy buena noticia. La posibilidad de progresar y abrir nuevos mercados, desarrollar productos, reinvertir y consolidarse es más fluida en empresas familiares. Esto suele suceder cuando las nuevas generaciones empiezan a integrarse en aspectos de la gestión. De allí que mandatos familiares fuertes, como qué tipo de carrera universitaria estudiar, intentan guiar a los nuevos miembros del clan para insertarse en posiciones estratégicas. Y esto, definitivamente, puede ser muy positivo si se lidera el proceso convenientemente, pensando en términos de negocio y no solo de familia.

Analicemos ahora tres ejemplos en donde podremos ver claramente cómo convertir un emprendimiento familiar en una empresa o, si la empresa familiar ya está en funcionamiento, cómo hacerla crecer.

EJEMPLO 1
NEGOCIO FAMILIAR - BUSCANDO EL
CRECIMIENTO - EMPRESA FAMILIAR

Desafío:

Buscamos aprender cómo expandir y transformar en una empresa un negocio familiar, tradicional y personalizado, cuál sería un plan coherente de expansión del negocio, y cómo deberíamos manejar y lidiar con las inquietudes, dudas y miedos internos para "vender el proyecto" a los propietarios, ya que ellos hace cuarenta años que están trabajando de esta forma. ¿Cómo podemos captar qué es lo que les interesa o cuáles son sus expectativas?

Respuesta:

Ante todo, es importante saber que una empresa familiar es una empresa en sí misma. Entiendo que lo primero es ver cuál es el camino apropiado para seguir creciendo y cómo incentivar a los miembros de esa empresa para que acepten lo nuevo como una oportunidad para crecer.

Desde su origen, la conformación de las empresas familiares presentan las mismas particularidades que la fundación de una familia: hay un juego de roles que impera y atraviesa toda la organización. Esta es la razón por la que uno de los principales desafíos está en encontrar la forma armónica de convivencia también en el ámbito del trabajo. Luego, con el correr de los años y la incorporación de personas ajenas al núcleo familiar original, aparece el siguiente problema: en muchas culturas son vistos como "los otros", por tomar un ejemplo de la conocida serie LOST, "los de afuera". Esto determina, en muchos casos, que se arme un "clan", tanto del lado familiar como de los empleados ajenos a ese círculo.

Con cuarenta años y ciertos resultados, haber logrado sobrevivir a las cíclicas crisis que atraviesan nuestros países es un buen logro; en muchos casos, la cabeza de la organización —quizás ya transformada en un directorio, siempre con preeminencia de representantes de la familia— se plantea la disyuntiva acerca de por qué cambiar, "si así como estamos, bien o mal, seguimos andando".

Aquí van algunas sugerencias que quizás puedan ayudarlos a encarar mejor el proceso:

1) Sincerarse: Es conveniente crear un espacio de reflexión y análisis objetivo del negocio, con los balances, las curvas y las proyecciones financieras, y hablar de aquellas cosas que pocas veces se hablan.

2) Revisen los roles: Si no lo tienen ya, dibujen un organigrama. Es una excelente herramienta que les mostrará gráficamente cómo interactúa cada miembro en esta "constelación

familiar" —les recomiendo que busquen algún libro sobre la disciplina llamada "constelaciones familiares en la empresa", ya que puede ser de mucha ayuda—. ¿Se superponen tareas?, ¿hace falta un recambio?, ¿quién es actualmente el más apto para asumir determinado rol estratégico?

3) Analicen los resultados: ¿Todos los miembros del grupo familiar están satisfechos con la marcha del negocio?, ¿están entusiasmados con seguir llevándolo adelante o se les ha convertido en una carga? Aquí aparecerá también información importante para hacer ajustes.

4) Determinen el rol de las nuevas generaciones de la familia: No siempre todos son aptos para las tareas que le son asignadas como un mandato familiar. Esto, si bien es duro, es muy necesario para el proceso de encaminarse hacia una proyección de mayor expansión.

5) El factor voluntad: Todos los miembros de la empresa deben coincidir en la voluntad de cambiar y expandirse, de lo contrario habrá fugas de energía y trabas en el proceso. Pueden contratar los servicios de un coach especializado en empresas para ayudarlos en un período de, por ejemplo, seis meses, a encaminarse con éxito.

6) Realicen una actividad de planificación de la empresa periódicamente: Una vez determinada la "voluntad de cambio", necesitan alejarse de la fábrica u oficina por lo menos

una vez al mes durante un año, en una jornada que les permita mirar las cosas en perspectiva, tomar mejores decisiones, refrescarse y tener nuevas miradas sobre el negocio.

7) Si tú eres el líder que impulsa el cambio, mantén charlas individuales con los principales miembros de la empresa. Realiza estos encuentros en un espacio neutral —fuera del ámbito habitual—. Dedica tiempo a la escucha empática, esa que verdaderamente muestra el interés por lo que el otro dice. Vuelca los resultados en un informe individual de cada encuentro. Pregunta directamente a cada persona cómo ve/siente el presente de la empresa, y cómo se imagina/presiente el futuro deseado. ¿Cómo es ese mañana?, ¿cuál sería el rol que le gustaría asumir a esa persona? Una vez concluidas las rondas de entrevistas, tendrás un panorama más aproximado a los intereses personales de los integrantes de la empresa familiar.

8) Analiza el contexto: Las coyunturas suelen producir fuertes impactos en las empresas de todo tipo, incluso las familiares. Es muy común que los problemas del trabajo se lleven a la casa, lo que deviene en peleas, discusiones y hasta separaciones. Prevé escenarios alternativos para distintos problemas que puedan amenazar el negocio.

9) Muestra lo concreto: Por lo general, las personas quieren información tangible. Muestra casos de otras empresas competidoras —del mismo rubro o parecidas—, cómo están

cambiando, cómo han evolucionado, hacia dónde se han proyectado, cómo lo están haciendo, cómo comunican dichas empresas, con qué recursos cuentan para expandirse.

10) Revé procesos internos: Revisa los procesos de información internos. ¿Hay rumores?, ¿cómo comunica la empresa hacia adentro y afuera?, ¿cuál fue el caso más exitoso que tuvieron en términos de negocios?, ¿cómo lo hicieron?, ¿cómo interactuó cada uno? Esto puede revelarte valiosa información.

11) Establece una "carta-compromiso": Una vez que la dirigencia de la empresa familiar esté de acuerdo, suscriban por escrito un breve acuerdo. Allí se fijarán los principales puntos de lo que han venido decidiendo. Sintetiza en no más de cinco o seis puntos los temas principales. Haz que cada miembro lo firme —cuando firmamos asumimos un compromiso mayor que si lo dejamos solo en palabras—.

Como observarás, es un proceso que requiere planificación, persistencia y, sobre todo, voluntad de cambio.

El éxito de una empresa depende de la estrategia de recursos humanos. Debido a que el reto de las organizaciones es innovar y desarrollar productos y servicios atractivos, necesitan miembros emprendedores, capaces de llevar a la práctica sus ideas.
—Linda Gratton, especialista en recursos humanos.

PLAN DE ACCIÓN – Ideas y próximos pasos:

1. Aceptar que una empresa familiar es una empresa en sí misma
2. Creen un espacio de reflexión y análisis objetivo del negocio
3. Revisen los balances, curvas económicas y proyecciones financieras
4. Creen un espacio para hablar de aquellas cosas que pocas veces se hablan
5. Revean los roles
6. Dibujen un organigrama y pónganlo en práctica.
7. Eviten superponer tareas
8. Elijan al más apto para asumir determinado rol estratégico
9. Analicen los resultados
10. Determinen el rol de las nuevas generaciones de la familia
11. Evalúen si todos los miembros coinciden en la voluntad de cambiar y expandirse
12. Contraten los servicios de un coach especializado en empresas
13. Programen una actividad de planificación de la empresa periódicamente
14. Aléjense de la fábrica u oficina por lo menos una vez al mes para mirar las cosas en perspectiva

15. Motiven para que el líder mantenga charlas individuales con los principales miembros de la empresa
16. Realicen estos encuentros en un espacio neutral, fuera del ámbito habitual
17. Dedica tiempo a la escucha empática
18. Muestra lo concreto: información tangible
19. Revisa los procesos de información internos
20. Establece una "carta-compromiso" entre todos los miembros involucrados en el cambio

EJEMPLO 2
INDUMENTARIA / TEJIDOS - BUSCANDO EL CRECIMIENTO - EMPRESA FAMILIAR

Desafío:
Tenemos un emprendimiento familiar de tejido de prendas en hilo y lana. Nuestro problema es que no logramos satisfacer la demanda creciente de pedidos. Además, observamos que necesitamos una mayor dedicación a la parte comercial y a la búsqueda de clientes. Como somos un matrimonio, propongo que mi esposa, quien es la tejedora, tome más participación en la parte de comercialización.

Respuesta:
En primera instancia, es importante plantear algunas preguntas como forma de ayudarlos a reflexionar sobre tu proyecto y los aspectos que mencionas.

La primera inquietud es: ¿Tu esposa está de acuerdo en el cambio de rol?, porque ello será determinante para el éxito de su gestión. Por lo que comentas, ella está enfocada en la producción de productos, en algo que seguramente forma parte de sus dones y habilidades.

La segunda sugerencia para tu planteo es: ¿Cómo van a afrontar la nueva realidad?, ¿hay entre ustedes una división de roles?, ¿tienen un organigrama operativo donde estén incluidas todas las personas que directa o indirectamente trabajan en el proyecto —incluyendo los tercerizados—?, ¿quién va a supervisar y encargarse de la producción?

Tercero: ¿Cuál es su mercado potencial?, ¿han realizado un sondeo o estudio de mercado?, ¿tienen sus agendas de *prospects* (potenciales compradores) actualizada?, ¿hay una planificación de la proyección de su negocio para los próximos cinco años?, ¿esta planificación, está en concordancia con su plan de negocios? En estos temas, pueden asistirlos los profesionales del área del marketing y finanzas, como forma de darle el marco apropiado para dar pasos firmes en pos de su objetivo de crecimiento.

Cuarto: ¿Cuál será la estrategia de comunicación para dar a conocer sus nuevos productos?, ¿disponen de un porcentaje de sus ingresos destinados a publicidad, promoción y relaciones públicas?, ¿cuentan con material como folletos, anuncios, cartelería, etiquetas, *packaging*, de alta calidad e impacto?, ¿tienen una página *web* de alta calidad y diseño profesional permanentemente actualizada?

Quinto: En cuanto a producto, ¿hacia dónde va el mercado?, ¿qué demanda el cliente?, ¿cuáles son los aspectos distintivos de su propuesta?, ¿hay algo nuevo que les permita diferenciarse sustancialmente de lo que ya existe en su rubro?

Sexto: En distribución, ¿llegan siempre a tiempo con la entrega de pedidos? Si no es así, ¿cómo se puede mejorar el servicio al cliente?, ¿quién es el encargado de esta actividad?, ¿cuál es el procedimiento de control de calidad?

Dando respuesta a estos interrogantes podrán establecer el programa de próximos pasos para esta transformación de su proyecto en una empresa, y, con toda seguridad, van a obtener el éxito que buscan.

Cuando las estrategias efectivas implican sorpresa o innovación es posible vencer con frecuencia a competidores más grandes o que cuentan con mayores recursos.
—**Allan J. Magrath**, especialista en Marketing.

PLAN DE ACCIÓN – Ideas y próximos pasos:

1. Hagan una buena división de roles
2. Traten de que cada trabajador realice acciones de acuerdo a sus dones y habilidades
3. Incluyan en el organigrama a trabajadores tercerizados

4. Calculen su mercado potencial para definir su estrategia
5. Mantengan una agenda de *prospects* actualizada
6. Apliquen una estrategia de comunicación para dar a conocer sus productos
7. Asegúrense de ofrecer lo que demanda el cliente
8. Hagan una proyección de su negocio a cinco años
9. Adecuen la planificación de su negocio en base a la proyección de crecimiento
10. Dispongan de material de promoción de impacto
11. Calculen una parte de sus ingresos para publicidad y promoción
12. Diseñen una página *web* de alta calidad
13. Procuren que su sitio *web* tenga un diseño profesional
14. No olviden mantener actualizada su página *web*
15. Evalúen "hacia dónde va el mercado"
16. Analicen cuáles son los aspectos distintivos de su propuesta
17. Implementen elementos nuevos que les permita diferenciarse de la competencia
18. Lleguen siempre a tiempo con los pedidos
19. Practiquen acciones para mejorar la atención a sus clientes
20. Revean sus procesos de control de calidad

EJEMPLO 3
COMUNICACIONES Y PR - NUEVO
EMPRENDIMIENTO - EMPRESA FAMILIAR

Desafío:

Soy licenciada en Comunicación Social, y junto con mi herma-
na, diseñadora gráfica, y mi hermano, estudiante de Adminis-
tración, estamos armando una consultora de comunicación.
Cada uno de nosotros trabaja en diferentes rubros en rela-
ción de dependencia, pero buscamos independizarnos. En la
zona existen agencias de diseño y de publicidad, no así de co-
municación. El valor agregado de nuestro servicio es brindar
estrategias y un plan integral de comunicación, pero también
estamos al tanto de que en la zona —interior de la Argen-
tina— no existen grandes empresas dispuestas a invertir en
comunicación, pues no la valorizan como algo importante.
La consulta es cómo debemos hacer para vender el servicio a
las PYMES y negocios pequeños.

Respuesta:

Es un verdadero desafío el emprendimiento que están comenzando, y como en todo desafío, hay una gran oportunidad de dirigirse directamente hacia el éxito, así que
¡adelante!
Me permito compartir algunas sugerencias:

1) Si vienen leyendo este libro desde los capítulos anteriores, quizás este consejo les suene conocido: Diseñen

el plan de negocios de su emprendimiento. Teniendo en cuenta que se trata de un negocio familiar, deberán acordar previamente y por escrito todos los términos de esta sociedad —independientemente de que en los comienzos sea una sociedad de hecho—. Esto les permitirá dividir roles, asignar responsabilidades y gerenciar el proyecto en forma profesional.

2) Establezcan el organigrama operacional de la compañía: Aunque les parezca que "es demasiado" para el emprendimiento que están comenzando, les traerá mucha claridad en el día a día. Un diseño de organigrama operativo por escrito, consensuado entre los tres socios, les permitirá constituirse con mayor formalidad, y así, estar preparados desde el principio para crecer sobre pasos firmes y con una sólida organización.

3) Determinen las áreas de especialización: El concepto de "agencia de comunicación" es muy amplio, y a mucha gente que por lo general no conoce del tema, le resulta demasiado confuso y abarcativo. Estimo que van a ofrecer servicios integrados de diseño, relaciones públicas y publicidad, por lo cual es importante comenzar a hacer docencia sobre estos temas.

4) Diseñen un portfolio de presentación: Una de las principales formas de darse a conocer es contar con una fuerte identidad corporativa que transmita los valores de su

empresa. A propósito, ¿definieron ya la "misión" y la "visión"? Es un buen ejercicio previo a ponerse en marcha, es la brújula que los orientará a lo largo de los años.

5) Releven bases de datos y contactos estratégicos: Comiencen a observar detenidamente el mercado. "Escuchen" lo que dice la competencia indirecta que puedan tener —por ejemplo, agencias de publicidad y de diseño gráfico—, relevando información estratégica sobre esas empresas. ¿Cómo se comunican?, ¿qué clientes tienen?, ¿qué proyectos están desarrollando?, ¿los clientes tienen fidelidad con esas empresas?

6) Definan los próximos pasos para los siguientes seis meses: Esto les permitirá dividir las tareas, hacer el día a día que los conducirá hacia los resultados que buscan, ajustar sobre la marcha y tener mayor claridad sobre qué funciona y qué se puede mejorar.

7) Entrénense en venta de servicios intangibles: Es fundamental que uno de ustedes asuma el rol comercial. No necesariamente debe ser "el que mejor habla", o "la más simpática". Hay habilidades que son fundamentales para el proceso de venta de servicios intangibles. Les sugiero conseguir algunos libros de negocios al respecto.

8) Creen capacitaciones gratuitas para sus clientes potenciales, de esta forma conocerán la cara de quienes podrían

contratarlos. No busquen venderles nada, simplemente creen conciencia sobre la necesidad de contar con servicios profesionales como los que ofrece su empresa.

9) Dicten charlas en universidades de la región: Esta es una muy buena forma de tomar contacto con estudiantes avanzados en carreras afines, quienes en el futuro estarán insertos en empresas —pequeñas, medianas, grandes— y pueden contratar sus servicios. También pueden hacer alianzas con cámaras empresariales de diversos sectores, ofreciendo breves *workshops* sobre determinados temas y estableciendo vínculos personalizados que, en el tiempo y con mucha paciencia, podrían derivar en negocios.

10) Establezcan honorarios de acuerdo a los valores del mercado sin perder de vista la ganancia: A priori, seguramente el negocio será poco rentable —les diría que por los primeros cuatro o cinco años, hasta que puedan ver ganancias para los socios—. Sin embargo, es importante que establezcan una política de precios acorde a su estructura, la dimensión de los trabajos a realizar, las retenciones impositivas, bancarias, etcétera. Esto es fundamental para que las finanzas de su empresa nazcan sanas y se consoliden en el tiempo. Los profesionales en contabilidad y administración podrán asesorarlos mejor.

Recuerden que la estructura de costos de una empresa dedicada a brindar servicios de comunicación integrales es muy diferente a la de cualquier otro negocio convencional.

Hay variables que no dependen de su producto, sino de sus clientes y del entorno del mercado. Existen formas de establecer honorarios que deberán crear para cada proyecto en particular, y además, asegúrense de sumar siempre un porcentaje adicional como plus por variaciones que pueda sufrir el mercado o desvíos financieros.

11) Intégrense vía Internet: Hay muchas redes sociales dedicadas a temas de comunicación, relaciones públicas, imagen empresaria, diseño. Estas redes sociales pueden abrirles un panorama más allá de su provincia para desarrollar negocios o bien para conocer cómo lo hacen alrededor del mundo.

> *Ser emprendedor es una vocación espectacular para quien la tiene, pero no es el camino más corto hacia la comodidad. Es como un boleto para la montaña rusa: no es para todos, pero si te gusta, la vas a pasar fantástico.*
> **—Santiago Bilinkis,** emprendedor.

PLAN DE ACCIÓN – Ideas y próximos pasos:

1. Acuerden por escrito los términos de la sociedad a pesar de trabajar con familiares
2. Gerencien el proyecto en forma profesional
3. Hagan un diseño de organigrama operativo por escrito

4. Asignen responsabilidades consensuando con los socios
5. Determinen las áreas de especialización
6. Comiencen a hacer docencia sobre los temas de comunicación que ofrece
7. Diseñen un portfolio de presentación
8. Impriman a su proyecto una fuerte identidad corporativa
9. Observen detenidamente el mercado
10. Releven información estratégica sobre sus competidores directos
11. "Escuchen" lo que dice la competencia indirecta
12. Definan los pasos para los siguientes seis meses
13. Entrénense en venta de servicios intangibles
14. Ofrezcan capacitaciones gratuitas para *prospects*
15. Creen conciencia sobre la necesidad de contar con servicios como los que ofrece su empresa
16. Dicten charlas en universidades de la región
17. Hagan alianzas con cámaras empresariales de diversos sectores
18. Den breves *workshops* sobre determinados temas
19. Establezcan vínculos personalizados
20. Fijen honorarios de acuerdo a los valores del mercado

Cómo comunicar exitosamente un negocio y cómo diferenciarse de la competencia a través de la comunicación

Estamos en tiempos donde no solo necesitas brindar buenos productos y servicios, si no lo comunicas apropiadamente, perderás porciones muy importantes de mercados actuales o potenciales, y así, quedarás detrás en la posibilidad de ser aún más exitoso en tu emprendimiento. En síntesis, la comunicación aplicada a todo tipo de actividades puede diferenciarse entre lo que llamamos marketing, publicidad, relaciones públicas y comunicación institucional.

El *marketing* es una disciplina que promueve el despertar interés en determinados públicos y usuarios, para que, a través de diferentes herramientas, puedan interesarse en lo que tienes para ofrecer.

La *publicidad* quizás es la más conocida por todos: se trata de la compra de anuncios en diversos tipos de medios y soportes, como medios gráficos, televisión local, regional o nacional, radios, Internet, y también lo relacionado con vía pública, como afiches y carteles. A partir de mensajes específicos y en base a la repetición, busca fijar conceptos y atributos de los productos y servicios.

Las *relaciones públicas* es un vehículo esencial para darse a conocer. Abarca un amplio caudal de estrategias de comunicación, desde encuentros uno a uno con los clientes o en grupos, hasta los vínculos de generación de noticias y su divulgación entre los medios de comunicación. También incluye la comunicación interna, el "diálogo" hacia dentro de tu empresa; programas de R. S. E. (Responsabilidad Social Empresarial), que van más allá de la solidaridad o las contribuciones que hagas a causas y organizaciones, la creación de noticias de impacto y contenidos para el mundo digital, incluidas tus redes sociales profesionales, y la gestión de vínculos que, convenientemente sostenidos en el tiempo, harán crecer tu reputación de marca.

La *comunicación institucional*, emparentada con todas las anteriores, se dirige al posicionamiento de la empresa en sí, más allá de los productos que está ofreciendo al mercado. Por ejemplo, podrás hacer anuncios más genéricos, colocar stands en eventos y exposiciones para entrar en círculos de influencia, y empezar a participar en cámaras empresariales para tender redes de contactos, entre otras tácticas tangibles.

La pregunta del millón es: ¿cuándo aplicar cada una de estas herramientas? Depende del caso. La experiencia como consultor me permite compartir que cuanto más integres proporciones de inversión en estas disciplinas, más acrecentarás la posibilidad de despegue de tu marca.

Es importante que sepas que siempre hay una herramienta de comunicación disponible y a tu alcance, sin importar el estadio en que te encuentres, es fundamental que destines dentro del plan de negocios que realices un porcentaje, que usualmente va entre el 5% y el 10% de la facturación bruta anual, en reinversión directa en temas de comunicación.

Este ítem es usualmente dejado de lado en las planificaciones de negocios. Y es tan esencial y relevante, que, a esta altura de los tiempos, sería un grave error no invertir lo posible y apropiado, buscando las mejores opciones en cada etapa del plan estratégico que llevas adelante. En los casos ejemplo de este capítulo conocerás más herramientas prácticas para adaptarlas a tu negocio.

Analicemos a continuación qué herramientas son aptas y efectivas para poner en práctica en los siguientes ejemplos:

EJEMPLO 1
INDUSTRIA ALIMENTICIA - NUEVO EMPRENDIMIENTO - COMERCIO

Desafío:
Soy una joven empresaria a la que le falta poco para abrir un negocio en un local de una galería céntrica de Buenos Aires,

Argentina. Los alimentos a vender son chocolates y bombones (rubro principal) a los cuales se suman dulces, cafés y otros productos gourmet. El objetivo es hacerme conocer, por lo cual, creo que lo principal es definir cuáles son las mejores acciones para comunicar al público mi emprendimiento.

Respuesta:

• Primera clave: A priori, es importante conocer la ubicación del local: ¿Es a la calle?, ¿es dentro de una galería?, ¿cuáles son las demás marcas que están en dicha galería?, ¿qué comercios hay al lado y enfrente del local? Estos datos son importantes, ya que podrán darte la posibilidad de generar un diferencial en la comunicación. Independientemente del tipo de producto que comercialices, si tus colegas comerciantes tienen vidrieras poco atractivas, un aspecto fundamental de la comunicación es distinguirte en este punto: excelente diseño de vidriera, muy buena iluminación —hay atractivos artefactos de diseño moderno que acentúan iluminación puntual del producto, *packaging*, etcétera—. Resultado: llamar la atención del público circulante.

• Segunda clave: Logotipo e identidad visual conceptual del proyecto. En el segmento en el que compites, es fundamental contar con un excelente desarrollo profesional de marca. Lo visual —fotos profesionales, logotipos aplicados en vidrieras como si fuese un esmerilado del vidrio— suma categoría y prestigio a tus productos. Resultado: alto impacto visual y aumentar el valor percibido de tu producto. Así, con el tiempo, incluso podrás posicionarlo en una escala superior de valor/precio.

• Tercera clave: Calidad de folletería. Un producto de alta calidad —o, al menos, de alto valor percibido como puede ser un chocolate de buena calidad dentro de un *packaging* muy atractivo— no se comunica necesariamente con un "volanteo" dentro de los diarios. ¿Qué tal detectar a través de un relevamiento de datos *online* o guía telefónica que están en un radio de diez cuadras de tu comercio y llegar a ellas con una comunicación dirigida a las secretarias ejecutivas y alta gerencia? Para esto requerirás disponer de una excelente presentación visual, que puede ser un muy buen folleto —formato estándar, diseño profesional, alta calidad de impresión (hoy puedes lograrlo a través de los servicios de imprentas rápidas, que permiten producir pequeñas tiradas a costos razonables)— y un *sampling* (muestras) de producto para que degusten. A la vez, puedes enviarles una tarjeta o chequera de descuentos, de, por ejemplo, veinticinco dólares —o el valor que sea conveniente en tu mercado— en cada compra que supere un determinado monto (verifica la ecuación que resulte apropiada de acuerdo a tu plan de negocios). Resultado: establecimiento de una red de compradores potenciales, contactos uno a uno con decisores de compra.

• Cuarta clave: Contactar a periodistas y medios especializados en gastronomía y el mundo gourmet. Observando el mapa de medios, podrás enviarles muestras de productos y, a la vez, complementar con informaciones que distingan tu producto del resto. Esto significa un proceso donde podrás armar un análisis FODA (Fortalezas – Oportunidades – Debilidades - Amenazas) para descubrir cuál es tu fuerte y en qué necesitas mejorar respecto a tus competidores directos, para tomar mejores decisiones. Resultado: podrás articular un discurso de comunicación que marque esos diferenciales ante los medios y el público en general.

• Quinta clave: Tácticas. Puedes implementar degustaciones en eventos o desfiles de moda. Diseña un pequeño stand móvil que, acompañado por personal específicamente entrenado, pueda hacer degustaciones en el hall de acceso a teatros, eventos y desfiles de moda. Utiliza redes de contactos —la tuya, la de tus amigos, conocidos, allegados— para contactar a estos organizadores. Podrás ofrecerles un diferencial para su espectáculo o evento: degustación de bombones —usualmente, ofrecen bebidas, en el mejor de los casos—. Además, puedes negociar que aparezca tu nombre de marca en los agradecimientos del programa de dicha actividad o un aviso publicitario —nuevamente, muy bien diseñado, excelente fotografía y datos institucionales completos de tu emprendimiento—. Resultado: ampliación y "amplificación" de tu red de contactos mediante un canal de comunicación que permite que el potencial comprador "viva" la experiencia de probar tu producto. Recuerda: no solo vendes un producto, también vendes una "experiencia" de sabor, textura, calidad, aromas, impacto visual. Por lo que el cuidado de todos estos detalles es de suma importancia.

• Sexta clave: Busca promoción con actividades que llamen la atención, por ejemplo, un concurso de diseñadores de esculturas comestibles. Genera un concurso de nuevos diseñadores donde aportes el *know-how* y la materia prima, y los diseñadores aporten su talento para crear esculturas comestibles. Podrás venderlas o entregarlas para una subasta a beneficio para una institución de bien público, y a la vez, generar una acción de comunicación mediante Responsabilidad Social Empresaria (RSE). Resultado: ayudar, y sumar valor a la marca a través de una acción original y divertida.

• Séptima clave: ¿Tienes conocidos famosos? Envíales regalos para sus fechas de cumpleaños. ¿Armas tu base de datos de periodistas? Solicita este dato para estar presente con un obsequio de tu marca en esas fechas. Resultado: generar lazos perdurables y amigables con tu marca que se proyectarán en el tiempo.

• Octava clave: Trabaja con tu personal para entrenarlos en atención al cliente. ¿Qué tal utilizar una frase como "le deseo que tenga un dulce día", al despedir a un cliente? ¿Y si dispones siempre de una bandeja con muestras de producto para sugerirles a los nuevos compradores o a aquellos que se acercan solo por curiosidad? Música suave, que invite a vivir la experiencia del sabor, complementará el clima a lograr en tu local. Resultado: diferenciación.

Recuerda: Si tienes dudas acerca de tu capacidad para comunicar o te asaltan creencias como "no tengo el dinero para hacerlo", tienes razón. Además de considerar que necesitas rodearte de los mejores profesionales para que te asesoren en tu emprendimiento, te sugiero que consideres esto: la única manera de aprender a nadar es echándose al agua. Estás lanzándote a competir en un mercado altamente segmentado y muy exigente. Solo con un trabajo profesional, consistente y con continuidad, podrás visualizar el resultado que esperas, mucho antes de lo que te imaginas.

> *El que sabe pensar, pero no sabe expresar lo que piensa, está en el mismo nivel que el que no sabe pensar.*
> —**Pericles**, influyente político y orador ateniense.

PLAN DE ACCIÓN – Ideas y próximos pasos:

1. Evalúa a tus competidores más cercanos
2. Sabe que la vidriera de tu local es un aspecto fundamental de la comunicación
3. Distingue tu vidriera de la de tus competidores

4. Aplica estrategias para llamar la atención del público circulante

5. Desarrolla una identidad visual conceptual de tu proyecto

6. Esfuérzate por distinguirte desde lo visual

7. Recurre a profesionales para un buen desarrollo de tu marca

8. Entrega folletería de calidad

9. Provee de un *packaging* muy atractivo a tus productos

10. Realiza *samplings* (muestras de producto para degustación)

11. Detecta las empresas cercanas a tu comercio para una comunicación dirigida a secretarias y alta gerencia

12. Utiliza tarjetas o chequeras de descuentos para un segmento de potenciales clientes

13. Contacta a periodistas y medios especializados en gastronomía

14. Envía muestras de productos a periodistas clave

15. Remite información interesante de tu comercio a los periodistas clave

16. Diseña un stand móvil para degustaciones en distintos lugares

17. Ofrece tu degustación como un diferencial para espectáculos o eventos

18. Elabora un aviso publicitario con datos completos de tu emprendimiento

19. Entrena a tu personal para una buena atención al cliente
20. Coloca música suave que invite a vivir la experiencia del sabor en tu local

EJEMPLO 2
EVENTO PUNTUAL - NUEVO EMPRENDIMIENTO - PROFESIONALES INDEPENDIENTES

Desafío:

Soy un profesional independiente que dirige una escuela de fútbol hace catorce años, a modo de hobby. A partir de ahora deseo dedicarme seriamente a ese negocio. Pronto la escuelita cumplirá quince años. La pregunta es cómo puedo comunicar los quince años de la escuela de fútbol, y por otro lado, si debería hacer algún tipo de aclaración con los clientes actuales, porque la escuela ya no es un hobby y será un negocio en serio.

Respuesta:

Cumplir quince años con tu emprendimiento tiene un gran mérito y valor, aun dentro del ámbito amateur en el que te has desempeñado hasta el presente.

Desde el punto de vista comunicacional, es una excelente oportunidad para dar un giro en tu proyecto, profesionalizándolo y transformándolo en un negocio. ¿Cómo comunicarlo? Aquí van algunas ideas:

1) Organiza una campaña de difusión previa: Anticipándote al décimo quinto aniversario, comenzando en enero, puedes armar una campaña de divulgación donde cuentes la trayectoria de esos quince años: logros, cantidad de alumnos que han pasado por la escuela —incluyendo algunos nombres que, de una u otra forma, pudiesen haber trascendido en el mundo del fútbol— y cualquier otro detalle que te parezca apropiado. Esta difusión puedes realizarla en medios locales, barriales, regionales y fundamentalmente entre la comunidad que, seguramente, te has ido creando a lo largo de los años.

2) Herramientas de difusión: Puedes crear una cartelera dentro de la escuela y comunicar allí la noticia. Si no lo estás haciendo, también te sugiero que crees un *newsletter* y lo envíes cada cuarenta y cinco días a una base de contactos vía *e-mail*, con informaciones diversas, incluyendo la historia de la escuela, fotos de eventos, equipos, columnas de opinión de algunos profesores. Recuerda que hay dos grandes claves en este tipo de mensajes: (a) destinatarios que quieran recibir tu comunicación (es decir, no comprar bases de datos, y respetar los pedidos de ser removidos de la lista rápidamente cuando así lo soliciten), y, fundamental: (b) darle contenidos de interés, no solamente mensajes promocionales.

3) Canjes: Puedes organizar algunas acciones de *co-branding* —por ejemplo, estar presente como sponsor en

ciertos eventos haciendo intercambios de difusión— y realizar canjes por becas u otras acciones con emisoras de radio y TV de tu zona, logrando de esta forma elevar la visibilidad del proyecto en su nueva etapa.

4) Crear un logotipo o identidad visual específica del décimo quinto aniversario, aplicarla en el lugar donde la escuela desempeña sus actividades, remeras, camisetas, banners en eventos, papelería.

5) Definir un slogan o concepto del aniversario, donde des a entender este paso de actividad amateur a actividad profesional rentada. Se trata de una frase sencilla y directa que resuma este cambio que necesitas hacer. Algo así como "15 años juntos. ¡Vamos por más!".

6) Incorporar actividades rentadas en tu cartelera en forma progresiva y comunicarlas vía *newsletter*s, carteleras, volantes, folletería, etcétera.

7) Organizar un concurso de fotografías: Puedes diseñar una acción que integre a toda la familia, más allá del fútbol en sí, aunque ese deporte deberá estar presente en lo que realices. Un concurso de fotografías donde el elemento "pelota de fútbol" esté presente puede ser una buena herramienta. Luego, elegirás un jurado de notables, incluido tú, y determinarás un primer, segundo y tercer premio. Las fotografías se expondrán en la sede de la escuela

durante un mes. Habrá un acto de entrega de premios y de inauguración de la exposición.

8) Diseñar un cronograma de actividades especiales: Con motivo del décimo quinto aniversario puedes organizar charlas, conferencias, invitados especiales, clínicas sobre fútbol o distintos aspectos relacionados. La idea es acercar a la gente a la escuela, y, a la vez, en ese contacto uno a uno, poder entregarles una folletería específica de la trayectoria donde ya se incluya el paso de actividad amateur a negocio que estás preparando.

9) Cena aniversario: Puedes organizar un festival solidario a beneficio de alguna institución que realmente lo necesite. De esta forma integrarás tu escuela a la comunidad. A la vez, podrá servir de cena aniversario por los quince años de tu emprendimiento.

Es importante que tengas en cuenta que el programa de celebración debe abarcar todo el año, no solamente un mes en particular. Esto te permitirá sostener la comunicación en el tiempo e ir haciendo la transición necesaria en el nuevo modelo de negocio que deseas llevar adelante.

Ya no basta con satisfacer a los clientes, ahora hay que dejarlos encantados.
—Philip Kotler, economista y especialista en mercadeo estadounidense.

PLAN DE ACCIÓN – Ideas y próximos pasos:

1. Recuerda que una fecha aniversario es una excelente oportunidad comunicacional
2. Organiza una campaña de difusión previa
3. Divulga los logros en el tiempo transcurrido
4. Comunica todos los datos que consideres apropiados
5. Encara la difusión en medios locales, barriales y regionales
6. Crea un *newsletter* de envío cada cuarenta y cinco días
7. Incluye la historia de la escuela en tu *newsletter*
8. Envía tu *newsletter* a destinatarios que realmente quieran recibir la comunicación
9. Retira rápidamente de la base a quienes soliciten ser removidos de la lista
10. Ofrece contenidos de interés, no solamente mensajes promocionales
11. Comunica fundamentalmente entre la comunidad creada a lo largo de los años
12. Pon una cartelera dentro de la escuela
13. Organiza acciones de *co-branding*
14. Incorpora actividades rentadas en tu cartelera en forma progresiva
15. Realiza canjes por becas u otras acciones con radios y TV de la zona
16. Crea un logotipo específico del aniversario

17. Aplica el logotipo en remeras, camisetas, banners en eventos, papelería, etc.
18. Define un slogan o concepto del aniversario
19. Diseña un cronograma de actividades especiales con motivo del aniversario
20. Ten en cuenta que el programa de celebración debe abarcar todo el año y no solo una fecha

EJEMPLO 3
NEGOCIO INMOBILIARIO - BUSCANDO EL CRECIMIENTO - PROFESIONALES INDEPENDIENTES

Desafío:

Mi nombre es Juan Martín y me dedico a las comisiones de hacienda, compra-venta y alquileres de campos. Tengo varios años de experiencia y admito que es un negocio de mucha competencia en cuanto a tomar clientela. Si bien he tenido logros, no me siento conforme; no encuentro la forma de llegar plenamente a cautivar clientela, o mejor dicho, atraerla con continuidad. Pienso que fallo en algo..., tal vez en la propaganda o en la comunicación. Mi negocio se sostiene en la seriedad y claridad, pero no encuentro las claves ni el lenguaje apropiado para consolidarlo.

Respuesta:

La venta de este tipo de productos es compleja; generalmente son procesos largos, y quienes se mueven en forma independiente afrontan día a día la competencia de grupos empresarios, pequeños especialistas regionales que, por vínculos de afinidad y cercanía con los propietarios de las tierras, pueden "embarrar" el proceso en ciertos casos y dejarte a ti literalmente "empantanado".

Aquí van algunas sugerencias que, sostenidas en el tiempo, con seguridad resultarán beneficiosas para tu empresa:

a) Considérate un profesional: Si hay algo dentro de ti que no te suena bien cuando lees estas líneas (en lo referido a considerarte un profesional), quizás haya un aspecto a trabajar allí. Sentirte sólido, confiado, ampliamente solvente, eficaz y conocedor del negocio es la mejor forma de plantarte ante los desafíos y la competencia. Este es un trabajo interno de autodeterminación y afianzamiento de tus cualidades y fortalezas, y dejar pasar aquellas cosas que bien podrían llamarse "debilidades".

b) Un ejercicio interesante para identificar las áreas fuertes y débiles, y que quizás te interese explorar, es el siguiente:

1) Define las cinco áreas fundamentales de tu trabajo, por ejemplo: comunicación, contactos, transparencia, asesoramiento jurídico-contable, profesionalismo (tú podrás colocar las cinco variables que consideres apropiadas).

2) Anótalas en un papel en blanco, haciendo cinco columnas.

3) Debajo de cada una, establece un porcentaje de lo que estas áreas representan para el éxito de tu gestión. Deja pasar cualquier consideración mental; este es un proceso intuitivo, por lo cual la primera respuesta que te aparece, es válida. No te fijes si los porcentajes dan un 100%, no se trata de eso, pon los números que tengan sentido para ti. Anota estos porcentajes utilizando un color que te guste.

4) Ya tienes definidas las cinco áreas estratégicas, y además, las has calificado en porcentajes, donde el número mayor es el que defines como más importante.

5) Marca una línea divisoria que atraviese todas las columnas.

6) Luego, toma otro color y anota abajo, también en cada columna, el porcentaje de dedicación que le pones a cada una de esas áreas. Es decir, cuánto tiempo, energía y enfoque le dedicas. Sé honesto, muévete siempre dentro de la realidad.

7) Observa los resultados. En esta segunda parte del ejercicio, las áreas con porcentajes mayores son las que posiblemente están consumiéndote mayor energía, y las que

tienen números menores son aquellas que quizás requieran más atención y dedicación.

8) Toma otra hoja en blanco. Anota las conclusiones del punto anterior y establece, para cada área, los tres próximos pasos que puedes tomar para mejorar. La idea es que puedas equilibrar todas las áreas a partir de tener claridad sobre tus fortalezas y debilidades. Aquí aparecen claramente las oportunidades para mejorar.

Y ahora, algunas sugerencias específicas de comunicación:

• ¿Cómo comunicas tus servicios? Este aspecto es fundamental. ¿Tienes buenas tarjetas personales?, ¿dispones de una carpeta de presentación de tus servicios?, ¿la carpeta está actualizada?, ¿tienes un *website* donde mostrar tu negocio, las propiedades con las que trabajas y la información necesaria para que cualquier interesado pueda tomar contacto contigo?, ¿tienes recomendaciones de personas a las que les brindaste tus servicios?

• ¿Participas de ferias y exposiciones donde puedas mejorar tus habilidades comerciales y de comunicación? Hay muchos cursos y seminarios, gratuitos y pagos. Dispón parte de tu agenda a participar de estas experiencias. Quizás te lleves una sorpresa al descubrir cuánto hay para ti en esos encuentros.

• ¿Tienes fotos profesionales de los campos y propiedades que administras? Es de fundamental importancia hacer tangible lo intangible. Buenas fotos, un pequeño video colocado en la *web* y en tu notebook, mapas de localización de cada campo y cualquier otro recurso que haga más real la experiencia, les permitirá a los potenciales compradores visualizarse en la experiencia de ser los dueños de ese campo.

• ¿Tienes muy buenas habilidades de redacción, prolijidad, meticulosidad, buen uso del lenguaje? Este es un aspecto fundamental en el proceso de transparencia y calidad que deseas transmitir.

• ¿Trabajas en red con otros agentes inmobiliarios de ciertas ciudades? De no ser así, aquí puede abrirse un campo de expansión que te permitirá que ellos trabajen en sus zonas tus productos, y tú los de ellos. El trabajo en red es una de las grandes claves del momento para el éxito en los negocios.

• ¿Ofreces un beneficio adicional a quienes te compran o alquilan propiedades? ¿Qué tal agasajarlos con el asado inaugural a tu cargo, o hacer un acuerdo con una empresa de TV satelital y regalarle el primer año de suscripción a ese cliente que acaba de comprarte un campo? También puedes obsequiarle una línea de celular con cierto monto de crédito, una pequeña colección de vinos especiales en una bodega artesanal de madera con el logotipo —discreto— de tu empresa, o un cheque por determinado beneficio o monto de dinero (*voucher* promocional) que el cliente podrá pasar a otro interesado en comprar una propiedad tuya o utilizarlo él mismo para generar otro negocio juntos. Son solo ideas. Seguramente percibirás que esto tiene un costo relativamente accesible, considerando los valores de las negociaciones que quieres cerrar, y lograría un alto valor percibido por el cliente.

Si te parecen lejanas estas ideas o te invade una sensación de sentirte abrumado por reflexionar: "hay tanto para hacer", ¡estás en lo cierto! Porque para generar un resultado diferente es necesario hacer un cambio. Y los cambios suelen ser incómodos, aunque lo mejor está esperándote muy cerca, si te decides a avanzar.

PLAN DE ACCIÓN – Ideas y próximos pasos:

1. Plántate firme ante los desafíos y la competencia
2. Siéntete sólido, confiado, ampliamente solvente y conocedor del negocio
3. Define las cinco áreas fundamentales de tu trabajo
4. Posee buenas tarjetas personales
5. Dispón de una carpeta de presentación de tus servicios
6. Mantén tu carpeta actualizada

7. Desarrolla un *website* donde mostrar tu negocio y las propiedades
8. Participa de ferias y exposiciones donde puedas mejorar tus habilidades comerciales y de comunicación
9. Aprovecha los cursos y seminarios gratuitos y pagos
10. Dispón parte de tu agenda a capacitación
11. Recuerda la importancia de hacer tangible lo intangible
12. Ten fotos profesionales de las propiedades que administras
13. Coloca un pequeño video en la *web*
14. Guarda siempre fotos y videos de las propiedades en tu notebook
15. Posee mapas de localización de cada campo
16. Maneja con prolijidad y meticulosidad tu redacción y tu lenguaje
17. Trabaja en red con otros agentes inmobiliarios
18. Ofrece un beneficio adicional a quienes te compran o alquilan propiedades
19. Piensa en regalos o *vouchers* para agasajar a tus clientes
20. Sabe que una atención a un costo accesible tiene un alto valor percibido por el cliente

Estrategias para profesionales independientes para crear oportunidades y capitalizarlas Cómo superar el miedo a emprender

Muchas personas alrededor del mundo tienen un espíritu interno suficientemente fuerte, a prueba de los temporales que suele presentarnos la vida. Entre ellos, están los emprendedores. Esos seres que no saben de horarios ni días, que convierten lo que tienen en algo magnífico, que pueden encontrar salidas creativas e innovadoras a casi cualquier situación que se presenta, y que construyen maravillosos ejemplos del hacer en el mundo, como forma de representar tangiblemente su "misión" y "visión" de vida.

Los emprendedores "nacen" y también "se hacen". El auge de las escuelas de emprendedurismo en todo el mundo así lo ratifican, y prácticamente en todos los rincones del planeta hay organizaciones dispuestas a cooperar en su formación y apoyo. Sin embargo, el rasgo distintivo que diferencia al empleado de un emprendedor es solamente uno: la pasión. Pasión por lo que hace. Pasión por reinventarse. Pasión por compartir con el mundo sus dones y habilidades.

El proceso de emprender suele ser duro y áspero. Por lo general, es difícil que estén alineados todos los planetas al momento de arrancar un negocio. Siempre hay imponderables, y cuestiones de mercado y coyunturales que hacen el camino un poco más difícil. No obstante, esto encierra un enorme aprendizaje para quienes se animan a salir de su zona de confort y pasan la línea que la divide de lo que verdaderamente quieren: la zona de valentía.

Si eres un profesional independiente o si trabajas como empleado en cualquier rango, y estás pensando en emprender, es importante que te formes lo mejor que puedas y que encares ese proceso tan profesionalmente como lo harías para otros, con toda la responsabilidad del caso, la efectividad —que es mucho más que la eficiencia— y el entusiasmo que te permitirá levantarte una vez más de las que te caes. Si perseveras, el éxito te estará esperando a la vuelta del camino. Así que, ¡adelante! ¡Siempre adelante!

Analicemos aquí ejemplos claros de emprendimientos independientes:

EJEMPLO 1
VENTA POR INTERNET- TEXTILES - NUEVO
EMPRENDIMIENTO - PROFESIONALES INDEPENDIENTES

Desafío:

Me defino como un emprendedor que siempre tiene ideas, pero que nunca las pone en práctica. Esta es la razón por la que veo como otros ocupan mi lugar y tienen éxito en aquello que dejé atrás. Hoy me gano la vida brindando servicios de serigrafía para la industria publicitaria. Estoy trabajando en un taller, y mi idea es crear una página ofreciendo los productos textiles que allí estampo, principalmente remeras con imágenes de figuras del rock. También quiero empezar a vender productos de merchandising.

La duda es con respecto a la creación de la página en Internet. Cuando se ofrece un producto, ¿qué es lo que se pide?, ¿cuál sería la inversión que tengo que hacer?, ¿qué reglamentación debo cumplir para realizar una venta?

Respuesta:

¿Tienes miedo a comenzar o tienes miedo al éxito? Hay una estadística que afirma que más del 90% de los emprendedores no tienen miedo a fracasar, sino al éxito y a las responsabilidades que ello implica. Es solo un breve comentario para que puedas reflexionar, ya que el mundo de los negocios es para quienes tienen agallas, son valientes, se sobreponen a las dificultades, ven oportunidades donde otros no las encuentran, innovan, desafían el momento, y van al frente con determinación y entusiasmo. Algunos aspectos que quizás puedan orientarte para analizar mejor la situación:

• Sobre vender vía Internet, hay millones de ejemplos de emprendedores como tú que comercializan sus productos vía Internet. Incluso muchos de ellos no necesitan hacer un *website* propio, sino que utilizan las herramientas de sitios virtuales de venta (como Masoportunidades.com, Mercadolibre.com, eBay.com y Amazon.com) para ofrecer sus productos. Estas empresas tienen sus propias políticas de comercialización y suelen ser un recurso ideal cuando no se dispone de mucha experiencia ni capital para hacer un desarrollo propio. Incluso ellas mismas realizan cobranzas *online* y luego te liquidan los pagos, reteniendo sus comisiones.

Te sugiero una visita a cada uno de esos sitios y cualquier otro que puedas conocer —hay cientos disponibles— para adentrarte en ese mundo. Recuerda que estas plataformas tienen un sistema de calificaciones de vendedores, esto significa que si el comprador quedó satisfecho con la transacción —calidad del producto, respeto de los precios y condiciones, plazo de entrega, esmerada atención pre, durante y postventa—, tú sumas puntos. Las experiencias positivas permitirán que tu producto vaya subiendo escalones dentro de esos sitios, en tanto que las negativas pueden concluir —incluso— con la cancelación de tu presencia en los mismos.

• Si ya tienes productos, ¡comienza a venderlos hoy mismo! Internet es una herramienta espectacular para contactarse, mediante redes sociales, blogs y otros recursos, con los nichos específicos de fans de determinados artistas de rock. Podrás "infiltrarte" —en el buen sentido, claro— dentro de esas comunidades virtuales y ofrecerles productos especiales, o simplemente, conocer más de cerca el perfil del potencial cliente.

• Otra opción es que te contactes con todos los clubes de fans que existen y les ofrezcas proporcionarles productos para su venta en los eventos o encuentros que realizan casi semanalmente; a cambio, puedes darles una comisión.

• Inversión a realizar: Todo emprendimiento necesita que definas un plan de negocios. Consulta con un contador especializado en administración y creación de negocios —no cualquier contador— o con un licenciado en administración de empresas, y también con tu abogado, para que puedan orientarte con precisión y ahorrarte posteriores dolores de cabeza.

• Crea colecciones limitadas: Detecta cuáles son las tendencias del momento, y crea productos especiales y colecciones numeradas autenticadas. Esto te permitirá vender esos productos en un rango de precio mayor, y asegurarte de tener a los seguidores de determinados artistas siempre atentos a lo nuevo.

Otra idea para ti: ¿Cómo entrar al mercado del *merchandising* publicitario? Es un tema delicado, sobre todo si no cuentas con capital inicial. Deberás considerar que, además de los atributos de impecable calidad y estricto cumplimiento de los plazos de entrega, es difícil lograr que cualquier cliente del sector te pague todo el trabajo por anticipado. Por lo tanto, tendrás que financiar dicha inversión. Pasada esa etapa, puedes contactarte con las cámaras empresarias del sector, comenzar a armar tu agenda de contactos, preparar tus materiales de presentación institucional y salir a vender.

Recuerda que este es un mercado sumamente competitivo, cambiante y con alta rotación de los potenciales ejecutivos que pueden comprar tu producto. Por lo tanto, la recomendación de ellos es sumamente válida, y además, si estableces vínculos efectivos y sólidos, podrás hacerlos perdurar a lo largo del tiempo.

Un viaje de mil millas comienza con un simple paso.
—Proverbio taoísta

PLAN DE ACCIÓN — Ideas y próximos pasos:

1. Visita todos los sitios de venta *on-line* y observa cómo operan
2. Usa las redes sociales y blogs para entrar en contacto con nichos específicos de fans
3. Ofrece productos a públicos segmentados

4. "Infíltrate" dentro de comunidades virtuales
5. Conoce de cerca el perfil del potencial cliente
6. Contáctate con los clubes de fans
7. Aprovecha los encuentros de fans para ofrecer tus productos
8. Negocia con otros vendedores a cambio de comisiones de venta
9. Define un plan de negocios
10. Consulta con un contador especializado en creación de negocios o un administrador de empresas, y un abogado, para ahorrarte posteriores dolores de cabeza
11. Crea colecciones limitadas
12. Desarrolla colecciones numeradas autenticadas
13. Detecta cuáles son las tendencias del momento
14. Asegúrate de tener a seguidores de determinados artistas siempre atentos a lo nuevo
15. Contáctate con las cámaras empresarias del sector
16. Arma tu propia agenda de contactos
17. Prepara tus materiales de presentación institucional
18. Establece vínculos efectivos y sólidos que perduren en el tiempo
19. Mantén siempre un alto estándar de calidad
20. Sé estricto en el cumplimiento de los plazos de entrega

EJEMPLO 2
REDES SOCIALES - BUSCANDO EL CRECIMIENTO - PROFESIONALES INDEPENDIENTES

Desafío:

Soy terapeuta, y mi consulta es acerca del mundo de los especialistas —médicos, arquitectos, contadores, odontólogos, etc.— que trabajan por salarios menores a sus posibilidades porque no se animan a emprender. Mi idea consiste en un proyecto para acercarles herramientas y que las utilicen a fin de aprovechar las oportunidades que se les presentan. Un ejemplo de esto son los odontólogos o cirujanos plásticos que reciben gente del exterior para tratamientos que en otros países cuestan diez veces más, o los arquitectos que hacen animaciones en 3D para estudios de otros países, entre otros. ¿Cómo puedo realizar una comunicación para que la gente se anime a buscar nuevos horizontes, y crear oportunidades y capitalizarlas? ¿Cómo logro que utilicen las herramientas que les ofrezco?

Respuesta:

La síntesis de la consulta sería: "cómo lograr que muchas personas valiosas despierten su 'poder emprendedor' y se decidan a mejorar su vida personal y profesional, expandiéndose". Aquí van algunas sugerencias:

a) No todo el mundo tiene la "llama" interna del emprendedor. Por lo tanto, todos podemos ser emprendedores, pero emprender no es para cualquiera.

b) Muchas personas se mueven permanentemente en su zona de comodidad, ese espacio conocido más allá del cual se sienten asaltados por los miedos e incertidumbre.

c) Y muchos más aún son espectadores pasivos que observan cómo los demás concretamos nuestras metas, ¡y hasta se animan a criticar!

Como dice el maestro espiritual John Roger, *"Las buenas intenciones no bastan. Hacen falta resultados"*.

Entonces:

- Si has diseñado alguna herramienta de crecimiento personal y profesional con el objetivo de promover la toma de conciencia sobre la posibilidad de crear mejores oportunidades profesionales, la forma de comunicarla es a través de redes.

- La conformación de una red lleva tiempo, dedicación, atención y contención, ya sea que se trate de un libro, un taller, un curso, un grupo de autoayuda/interapoyo, encuentros de reflexión o una tutoría virtual vía Internet para estimular a las personas a crecer, aprender y avanzar:

- El primer paso que te sugiero es establecer bien a quién te vas a dirigir, quién es tu público.

- El segundo paso es indagar acerca de las motivaciones de ese nicho específico: ¿qué les gusta?, ¿qué tipo de materiales consumen? Si leen un libro de negocios,

¿cuál es?; si miran televisión, ¿qué programas les llaman la atención?; si usan palabras recurrentes para referirse a personas emprendedoras, ¿cuáles son?, ¿cuál es el tono de voz que utilizan en esas ocasiones? ¿Dónde viven? ¿Son varones, mujeres, casados, solteros, en pareja?

- El tercer paso es ponerle un buen nombre al proyecto. El nombre lo dice todo. Breve, conciso, que resuma el espíritu, la idea, y sobre todo, el beneficio concreto y tangible que obtendrá cualquier persona que participe de esa experiencia, sea cual fuere.

- El cuarto paso es armar una buena base de datos de esas personas; agruparlas por comunidades con cierta afinidad —lo que en *marketing* se llama "segmentación de mercado"— por ejemplo, por edades, sexo, preferencias de distinto tipo, ciudades, estudios, temáticas que les interesan.

- El quinto paso es crear una herramienta de comunicación específica para cada uno de esos grupos —por ejemplo, un *newsletter* electrónico— y adecuar los contenidos de dicha pieza de comunicación a los intereses de cada grupo. Esto significa que, sobre una base genérica, podrás incorporar algún contenido diferencial para llegar más eficazmente a determinado grupo de interés. Aquí es fundamental definir la identidad visual —logotipo, tipografía, diseño, etcétera—.

- El sexto paso es no abrumar con el envío de contenidos en el *newsletter*. Textos cortos, poderosos, que inviten a reflexionar y que ofrezcan herramientas concretas, simples, sencillas, para que cada persona se automotive a experimentar lo que estás proponiendo.

- El séptimo paso es generar una difusión del *newsletter*. Aquí podrás aplicar el posicionamiento en buscadores, crear campañas para multiplicar tu base de datos, publicar avisos en cierto medio específico afín al nicho al que te diriges, escribir una columna de opinión sobre un tema candente y ofrecerla al editor de un suplemento de un diario o revista, colgar en tu propio *website* un *link* (enlace) diferencial para expresar ahí tus opiniones, crear un blog (espacio virtual) para intercambiar impresiones con gente cercana a la temática que te interesa desarrollar, etcétera.

- El octavo paso es ser paciente y respetar el tiempo de cada uno. No todos procesamos la información de la misma forma, y habrá muchas personas que, tras recibir su primera comunicación, se borrarán de la lista de destinatarios a la vez siguiente porque no les interesa el tema. Esto es lógico y normal. Por favor, respeta siempre esos pedidos de "remover" que te lleguen. Si bien requiere orden y disciplina, hacerlo es fundamental para sostener la credibilidad e integridad del proyecto.

- El noveno paso es armar una red de contactos con periodistas afines a la temática, y ofrecerles artículos, hacerles llegar el *newsletter* y "sembrar" para que te tengan en cuenta y, a futuro —en un plazo que puede ir desde los seis meses a los cinco años aproximadamente—, transformarte en un referente en esa especialidad.

- El décimo paso es disfrutar del proceso. Verás que habrá centenares — y por qué no miles— de personas que obtendrán valor en lo que haces día a día.

Clave final:

- Sostén el enfoque en todo el proceso. Es muy frecuente que nos vayamos de rumbo, que posterguemos la continuidad del proyecto o, simplemente, que a veces podamos sentirnos abatidos cuando las cosas no resultan como esperamos. Paciencia, ese es justo el momento en que todo puede comenzar a cambiar a nuestro favor.

No importa cuántas veces te equivocas o con qué lentitud progresas, sigues estando muy por delante de los que ni lo intentan.

—Anthony Robbins, orador motivacional estadounidense.

PLAN DE ACCIÓN – Ideas y próximos pasos:

1. No le temas a la autocrítica
2. Coloca formularios de contacto bien diseñados en tu *website*
3. Considera colocar tu foto en tu página *web*
4. Recuerda que una foto a veces comunica más que las palabras

5. Evita colocar fotos no profesionales
6. Incluye tu currículum profesional si tu proyecto lo amerita
7. Comunica a través de redes
8. Establece bien a quién te vas a dirigir, quién es tu público
9. Indaga acerca de las motivaciones que posee tu nicho de público
10. Ponle un buen título a tu proyecto
11. Piensa un slogan que resuma el espíritu de tu emprendimiento
12. Da a conocer qué beneficios aporta tu proyecto a quienes participan
13. Arma una buena base de datos
14. Segmenta tu base de datos de forma inteligente
15. Crea una herramienta de comunicación específica para cada grupo de tu base
16. Adecua los contenidos de la comunicación a cada grupo de tu base
17. No abrumes con el envío de contenidos en el *newsletter*
18. Escribe textos cortos, poderosos y que inviten a reflexionar
19. Busca posicionar bien tu *newsletter* en los buscadores de Internet
20. Utiliza la publicación de avisos en medios estratégicos. Haz acuerdos e intercambios con tu propia red de contactos

EJEMPLO 3
EDUCACIÓN/IDIOMAS - EN BUSCA DE CRECIMIENTO - PROFESIONALES INDEPENDIENTES

Desafío:

Soy un profesional que dicta cursos de Presentaciones Orales Efectivas en Inglés (Effective Presentations in English). *En las empresas en las cuales doy clases, las evaluaciones de los participantes han sido muy buenas, incluyendo compañías de primer nivel. Sin embargo, me cuesta hacer nuevos clientes, y mi ratio contactos-contrataciones es bajísimo. ¿Qué puedo hacer en este caso?*

Respuesta:

La venta de servicios de capacitación ejecutiva es una de las más desafiantes y que requiere de la aplicación de una multiplicidad de herramientas combinadas para lograr efectividad en los resultados. Además, hay que pensar y repensar las estrategias para expandirse aún más en un segmento sumamente competitivo:

- No todas las empresas tienen una persona encargada de capacitación. En ciertas compañías, está dentro de la órbita de Recursos Humanos, en otros casos, de Marketing, y en muchos más, de Comunicaciones, por lo cual, sus técnicas de venta son sustancialmente diferentes.
- En Sudamérica y muchos países de Europa se observa

la tendencia a derivar este tipo de contrataciones al área de Compras.

- En el caso de esta clase de ofrecimientos, por la intangibilidad del servicio a ofrecer, es necesario profundizar en las herramientas de comunicación, para transformar en tangible lo intangible.

- Tener información privilegiada sobre la empresa a contactar: Esto significa conocer a fondo la estructura, organigrama, puestos directivos, saber quién tiene el poder de decisión de compra. Muchos de estos datos pueden relevarse a través de Internet.

- Te sugiero hacer tu lista de *prospects* (posibles clientes a contactar) e ir investigando por distintas fuentes sobre los mismos.

- Los presupuestos anuales de las compañías usualmente se establecen y cierran entre octubre y diciembre de cada año, por lo cual estos serían los mejores meses para "estar presente" en el proceso de captación de nuevos clientes.

- ¿Trabajas en la fidelización de relaciones con tus clientes actuales?, ¿pensaste en detectar y ofrecer productos segmentados para ellos?, ¿qué tal retomar el contacto con todos los que ya recibieron tu capacitación y ofrecerles un "nivel avanzado"?

- ¿Posees un sitio de Internet? Esta es una herramienta fantástica para poder tangibilizar tus servicios. Además de la oferta de tus cursos, puedes escribir columnas de opinión, reflejar conceptos de quienes ya tomaron tus entrenamientos, colocar fotografías, calendarios de actividades, y hacer un *newsletter* mensual especializado en tus temáticas. Esto te permitirá crear una comunidad virtual que siga tus actividades.

• ¿Hay un entrenamiento de presentaciones efectivas en inglés que no sea el estándar? Podría ser interesante desarrollarlo para quienes ya tomaron su curso en español e inglés, y desean seguir avanzando.

• ¿Qué tal diseñar un curso sobre cómo armar discursos exitosos (tema específico)? Aquí podrías ampliar aún más tu campo de acción.

• Podrías instituir desde tus cursos el Día del Orador Eficaz, enviar un texto o artículo de contenido como refuerzo y anclaje de los conceptos que enseñas, y además, a algunos clientes importantes, un obsequio especial recordatorio de este día.

• Tal vez sea de utilidad expandirte a nivel mundial, contactándote con compañías nacionales e internacionales dedicadas a capacitación ejecutiva, y ofrecer tus productos para la representación a través de ellos, compartiendo las ganancias. Quizás te sorprendas de los resultados, viajes y nuevas redes que pueden abrirse.

• ¿Estás posicionado en buscadores de Internet?

• ¿Figuran tus datos actualizados en distintas guías *online*? Te sugiero revisar urgentemente este punto, ya que es posible que tus teléfonos, mails y demás vías de contacto no estén actualizadas.

- Escribe artículos en tono periodístico, y ofrécelos periódicamente a diarios y revistas en secciones de Recursos Humanos, Economía y Negocios, Empresas, Capacitación, Marketing y Publicidad, y cualquier otro nicho en el que te interese insertarte.

Otras sugerencias sobre materiales:

- Hacer un *flyer*, *brochure* o folleto institucional, o bien una carpeta de diseño profesional, y un DVD o CD con herramientas "que tienten" a quien lo vea a adquirir tus servicios.
- Editar dicho material en PDF (para abrir con Acrobat Reader) en lugar de enviar archivos de presentación por *e-mail* en formato DOC (Word).
- Incluir una pequeña fotografía tuya como referencia. La imagen del capacitador lo dice todo. Recuerda utilizar siempre fotografías profesionales.
- Editar un producto parecido en DVD: Esta sería una forma de hacer una diferencia respecto a capacitación, ya que podrás vender este material luego de cada curso, comercializarlo *on-line*, proponer prácticas interactivas para los usuarios, y otra gran variedad de recursos.
- Revisar la redacción de los materiales, cuidando puntillosamente la puntuación, acentos y conceptos que se vierten en ellos.
- Ofrecer un seguimiento *on-line* a través de tu página de Internet a todos los alumnos que toman tus

cursos. Esto te permitirá fidelizarlos visitando tu sitio, y a la vez enviándole artículos y sugerencias especiales a esta comunidad virtual.

Un párrafo final sobre los honorarios: ¿Están acordes al mercado?, ¿le dan verdadero valor respecto a la calidad del producto que ofreces? Analizar estos aspectos es de fundamental importancia para el crecimiento de tu emprendimiento.

> *La habilidad es lo que tú eres capaz de hacer. La motivación determinará lo que hagas. La actitud determinará cuán bien lo hagas.*
> —**Lou Holtz**, renombrado coach del fútbol americano.

PLAN DE ACCIÓN – Ideas y próximos pasos:

1. Profundiza tus herramientas de comunicación para transformar en tangible lo intangible
2. Haz una lista de *prospects* e investiga por distintas fuentes sobre los mismos
3. Interiorízate acerca de la empresa que vas a contactar
4. Averigua quién tiene el poder de decisión de compra
5. Refuerza tu comunicación teniendo en cuenta el período presupuestario de las empresas
6. Ofrece productos segmentados

7. Retoma el contacto con quienes ya recibieron su capacitación y ofrece un "nivel avanzado"

8. Ten tu propio sitio de Internet para poder tangibilizar tus servicios

9. Refleja en tu *website* conceptos de quienes ya tomaron tus entrenamientos

10. Muestra en tu página *web* el calendario de actividades

11. Instituye desde tus cursos el "Día del Orador Eficaz"

12. Refuerza los conceptos que enseñas mediante artículos periodísticos

13. Procura posicionarte en buscadores de Internet

14. Incluye tus datos actualizados en distintas guías *on-line*

15. Escribe artículos periodísticos y ofrécelos a secciones de Recursos Humanos, Economía y Negocios, etcétera

16. Prioriza tu material en PDF (Acrobat Reader) por sobre el formato DOC (Word)

17. Haz un DVD o un CD con herramientas "que tienten" a quien lo vea a adquirir tus servicios

18. Edita un producto de enseñanza interactiva en DVD

19. Incluye una foto tuya en tus materiales de promoción

20. Ofrece un seguimiento *on-line* a través de tu página *web* a tus alumnos

EJEMPLO 4
ASESORÍA A EMPRESAS - BUSCANDO EL CRECIMIENTO - PROFESIONALES INDEPENDIENTES

Desafío:
Mi nombre es Carlos Medina, y soy contador. Formo parte de un estudio de asesoramiento integral a empresas desde la parte contable, laboral, impositiva, legal, entre otras. Los negocios van de mal en peor. Mi consulta es acerca de la forma de captar más clientes, ya sean nuevos emprendedores o empresas con antigüedad.

Respuesta:
El segmento en el que operan es altamente competitivo, y actualmente muchos profesionales del sector están buscando fórmulas y estrategias de expansión, no solo para crecer, sino para fidelizar a los clientes actuales.

En términos generales, el crecimiento de la actividad industrial representa una excelente oportunidad para quienes ofrecen servicios; incluso con los típicos vaivenes periódicos de la economía, siempre hay posibilidades de seguir expandiéndose. Aquí van algunas sugerencias que quizás les interese considerar:

1) Realizar una revisión del plan de negocios de su compañía. ¿Lo tienen formulado?, ¿está por escrito?, ¿está actualizado?, ¿es compartido hacia la totalidad de la organización? Seguro que, al ser

profesionales del sector, esta es una herramienta que ya tienen implementada.

2) Observar el listado de servicios que ofrecen: Me permito sugerirles que identifiquen y creen algún servicio específico y verdaderamente diferencial, mediante el cual se puedan contactar con potenciales clientes. Tuve la ocasión de navegar por su *website*, y pude ver que, en términos generales, lo ofrecido es lo que proponen casi todos los estudios de la competencia; sin embargo, hay algunos colegas que han desarrollado este sentido de búsqueda y experimentación, creando nuevos productos —y consecuentemente, necesidades— en el mercado.

3) A propósito, ¿quién es su competencia directa e indirecta? Es interesante revisar este mapa de su sector como una de las formas de saber frente a quienes están operando, poder observar cómo lo hacen los que se destacan y están siempre, al menos desde la percepción, "un paso adelante".

4) Creatividad e innovación: Actualmente la creatividad es importante, aunque no alcanza. Hace falta innovación. El desafío es crear necesidades en el mercado, y que solo ustedes las puedan satisfacer.

5) Comunicación: Aquí les sugiero algunos tips que pueden orientarlos:

• Elementos de promoción: Carpetas, *brochures*, *flyers*, CDs, DVDs, fotografías profesionales. Es importante contar con todo este material, y tenerlo siempre disponible con impecable presentación.

- *Website*: Si bien un sitio institucional es funcional en algunas ocasiones, ante el desafío de expandir su negocio, la sugerencia es que lo hagan vivo y activo; es decir, que a partir de esta plataforma, los potenciales clientes, estudiantes, referidos y otros visitantes puedan encontrar valor agregado allí. Crear artículos de interés que se suban semanalmente a la *web,* realizar un *newsletter* electrónico que se envíe cada cuarenta y cinco días a una muy bien administrada base de contactos, ofrecer un *e-book* (libro electrónico gratuito) sobre un aspecto en particular de su actividad, pueden ser herramientas que generarán tráfico y mayor interés en su compañía.
- Interacción con cámaras del sector: Es un buen punto de partida para compartir experiencias con colegas, y, a la vez, intercambiar información valiosa que puede transformarse en herramientas de negocio.
- Artículos para la prensa: Ante hechos de coyuntura e impacto pueden escribir artículos de interés periodísticos y ofrecerlos a los editores de distintos medios —gráficos e Internet, principalmente—. Al pie figurará la firma del profesional y el sitio *web.*
- Saludos en fechas estratégicas: Cumpleaños,

aniversarios, nacimientos, fin de año, celebraciones de fechas profesionales, son oportunidades ideales para retomar contactos. Pueden hacerlo creando mensajes apropiados a cada destinatario vía *e-mail* o por correo.

• Cursos y capacitaciones gratuitas: Es una excelente ocasión para ver a los clientes cara a cara, detectar oportunidades de negocios o necesidades, y ajustar sus planes en tal sentido.

6) Bases de datos y redes de contactos: Les sugiero explorar los últimos años de su compañía y elaborar una completa base de datos a la que podrían contactar para retomar el vínculo. Quizás encuentren empresas que tuvieron un acercamiento por un tema puntual, o pidieron un presupuesto y luego no trabajaron con ustedes. En ese caso, pueden llamarlos, acercarles una carta personalizada y ofrecerles, a partir de indagar en la *web* y en sus otras fuentes de información, algún servicio diseñado específicamente para el presente de aquella compañía.

Recuerden que los problemas que afrontamos ayer, hoy forman parte de nuestros recursos y habilidades.

¿Quieres interesar a los demás? ¡Provócalos!
—**Salvador Dalí,** pintor español y uno de los máximos referentes del surrealismo.

PLAN DE ACCIÓN – Ideas y próximos pasos:

1. Realicen una revisión del plan de negocios de su compañía
2. Asienten su plan de negocios por escrito
3. Compartan el plan de negocios con el resto de la organización
4. Desarrollen algún servicio específico diferencial
5. Recuerden que los nuevos productos crean nuevas necesidades en el mercado
6. Creen necesidades en el mercado que solo ustedes puedan satisfacer
7. Revisen el mapa de su sector
8. Observen cómo se destacan sus competidores
9. Hagan un análisis de la percepción por parte de los clientes
10. Añadan innovación a su creatividad
11. Confeccionen carpetas y *brochures* de su emprendimiento
12. Utilicen *flyers* para la promoción *on-line*
13. Cuenten con fotografías profesionales del *staff*
14. Tornen vivo y activo su *website* institucional
15. Creen artículos de interés que se suban semanalmente a la *web*
16. Ofrezcan un libro electrónico gratuito sobre un aspecto en particular de su actividad
17. Acentúen su interacción con las cámaras del sector

18. Intercambien información valiosa con colegas
19. Escriban artículos de interés periodísticos y ofrézcanlos a los editores de distintos medios
20. Incluyan su firma profesional en cada artículo

EJEMPLO 5
TECNOLOGÍA - NUEVO EMPRENDIMIENTO - PROFESIONAL INDEPENDIENTE

Desafío:

Soy un ingeniero electromecánico especializado en sistemas digitales que quiere expandirse a una nueva área. Por mi trabajo, estoy en contacto diario con el mundo de las computadoras, software y sistemas en general. Recientemente, uno de mis clientes, un estudio de arquitectura, me comentó sobre su necesidad de contar con una computadora poderosa, a buen precio, que le permita realizar renders *(procesamiento y bajadas de vistas en 3D de sus proyectos) para mostrar a los interesados, de manera virtual, como quedaría su oficina, casa, departamento, edificio. Esto les permitiría realizar las modificaciones necesarias en el momento, ahorrando tiempo, dinero y dejando felices a sus clientes.*

Al ver la necesidad de mercado que existe en este tema, me animé a realizar un pequeño estudio y descubrí que existe una gran demanda entre los profesionales de la construcción por este tipo de sistemas, que, aunque existen, no todos pueden pagarlos. La oportunidad aparece en que tal vez no accedan a comprar las computadoras, pero sí estarían dispuestos a

contratar los servicios externos de elaboración de renders *que
yo les puedo proporcionar.*

*Tengo todo listo, solo que me asalta la duda de no saber
cómo promocionarlo adecuadamente a mi público objetivo
para tener el éxito que espero y generar ventas.*

Respuesta:

Recuerdo, hace poco más de una década y media atrás,
que el proceso de *renders* era costosísimo y además, sumamente lento. Así que entiendo que la velocidad y accesibilidad son dos buenas claves para comenzar a comercializar
tu producto.

Aquí van algunas sugerencias específicas orientadas al
marketing de tu producto:

1) ¿Tienes una sólida base de datos de potenciales
clientes? Es estratégico confeccionarla. Puedes
consultar los padrones de las asociaciones de arquitectos de todo el país, participar en ferias y
exposiciones del sector para intercambiar tarjetas, y hasta acudir a las secciones específicas de
datos de arquitectos y decoradores que figuran en
las revistas de decoración. A simple vista, estimo
que puedes relevar solo con estas fuentes unos
mil potenciales clientes.

2) ¿Ya diseñaste tu página *web*? Por las características del producto que ofreces, y aplicando tu poder
innovador, quizás te convenga crear en la *web* una

herramienta *on-line* donde cualquier arquitecto pueda probar, de alguna forma, tu producto.

3) Prepara una charla, *workshop* o conferencia profesional: Organízala con todo detalle, y aprovecha esa ocasión para mostrar tu producto. Puedes indagar sobre experiencias similares alrededor del mundo, compilar dicha información y, a la vez, marcar las diferencias con tu lanzamiento.

4) ¿Tienes papelería comercial? Los arquitectos y su público target primario son sumamente exigentes en términos de calidad de presentación. Por esta razón todo lo que implica identidad corporativa de tu emprendimiento reviste especial importancia.

5) ¿Eres habilidoso para vender tu propio producto? Muchos de nosotros hemos tenido etapas donde comercializar nuestras creaciones o nuestro capital de trabajo era más dificultoso que vender lo de otros. En caso de ser así, te sugiero que tomes algunos cursos cortos sobre ventas. Quizás descubras algo nuevo, o al menos afianzarás lo que ya sabes al respecto y ganarás en confianza. ¡Incluso es posible que haya más de un arquitecto dentro de ese grupo!

6) Nuevos medios (blogs, foros, comunidades, lo que conocemos hasta hoy como Web 2.0 y lo que viene, es decir, interacción vía Internet): El rubro en el que deseas expandirte es ideal para desarrollar contenidos a través de los nuevos medios

tecnológicos. Puedes escribir artículos, publicar tu propio blog, ofrecer una consultoría virtual a través de estos nuevos medios, contactar a universidades tecnológicas, crear un aula virtual y ofrecer cursos *on-line* para convertirte con el tiempo —digamos, en un mínimo de dos a cinco años— en el más alto referente en tu segmento.

7) Comienza a tomar servicios de *rendering*: Si no lo haces aún, no solo te permitirá tener un ingreso adicional rápido, sino que podrás tomar contacto directo con ese potencial usuario de tu producto. Es más fácil que puedas venderles lo tuyo cuando ya te conocen, y saben de tu eficacia y excelencia profesional, que cuando todavía no te conocen.

8) Desarrolla algún *merchandising* especial con la palabra *"renders"* en primer lugar y tus datos de contacto. Podrás entregarlo a tus contactos actuales, clientes potenciales y vínculos estratégicos. La intención es que siempre que piensen en *renders*, piensen en ti.

9) ¿Qué otros segmentos del mercado pueden necesitar las aplicaciones de tu producto? Sin ser erudito en la materia, por ejemplo, tal vez las pinturerías podrían mostrar un ambiente e ir cambiando su color de acuerdo a lo que elige el cliente, para hacer una experiencia más vivencial del proceso de elección de colores. En síntesis, explora oportunidades para hacer más con mínimo esfuerzo, con lo que ya tienes, tu producto.

10) Artículos para la prensa: Contacta a las revistas especializadas en arquitectura, construcción, equipamiento empresario, hotelería, materiales, diseño industrial, y ofréceles escribir una columna o artículo que, de alguna forma, se relacione con tu actividad y tu negocio. Muchos medios están ansiosos de recibir contenido calificado, y si están bien escritos, seguramente en algunos casos los reflejarán en sus contenidos.

11) Registra tu marca y el genérico derivado de *render* como forma de asegurarte que podrás utilizarlo para el desarrollo de tu negocio.

Incluso el pájaro carpintero debe su éxito al hecho de que usa su cabeza y, además, continúa golpeando hasta que termina el trabajo que comenzó.

—Coleman Fox, empresario, consultor.

PLAN DE ACCIÓN - Ideas y próximos pasos:

1. Consulta los padrones de las asociaciones de arquitectos de todo el país
2. Participa en ferias y exposiciones del sector
3. Practica un exhaustivo intercambio de tarjetas
4. Ten tu página *web* si aún no la tienes
5. Dispón de una herramienta *on-line* donde los arquitectos puedan probar la experiencia
6. Prepara charlas o *workshops* profesionales

7. Aprovecha las conferencias para mostrar tu producto
8. Indaga sobre experiencias similares alrededor del mundo
9. Compila toda la información posible
10. Marca diferencias con tu producto frente a otros similares
11. Sé exigente en términos de calidad de presentación
12. Recuerda que la identidad corporativa reviste especial importancia para tu público target
13. Desarrolla contenidos para los nuevos medios tecnológicos
14. Ten tu propio blog. Registra tu marca
15. Ofrece una consultoría virtual
16. Contáctate con las universidades
17. Desarrolla un *merchandising* especial con la palabra *"renders"*
18. Procura que cuando se piense en *renders*, piensen en ti
19. Contacta a las revistas especializadas en arquitectura, construcción, etcétera
20. Escribe columnas o artículos que se relacionen con tu actividad y tu negocio

Estrategias para capitalizar el fluir del turismo que recibe el país y conocer sus políticas de promoción

Todos estamos influenciados por nuestro entorno. El cerebro, esa poderosa máquina humana que nos da la posibilidad de elegir lo mejor —y, por qué no, lo peor en muchos casos—, permite hacer una sinapsis óptima para que los pensamientos desencadenen estrategias ganadoras.

La sinapsis es la conexión neuronal. Cada neurona se comunica en red entre el hemisferio izquierdo, donde están las decisiones más racionales, duras, los cálculos, el diseño de estrategias y lo mental; y el hemisferio derecho, donde cobran vida y significado las emociones, las sensaciones, la motivación, el entusiasmo y los sueños, la creatividad, la pasión y el amor. Estos puentes neuronales nos permiten pensar y repensar complejos mapas mentales, para mostrarnos diversas alternativas entre un punto central, nuestra idea o el problema, y las múltiples vías de solución para llevar adelante.

El mapa no es el territorio, sino una representación gráfica dentro de nuestro cerebro de las infinitas combinaciones posibles para encarar los proyectos y salir adelante aun en los momentos de mayor dificultad. El entorno en que vivimos también influye mucho en las definiciones de negocios. Es el caso de los emprendimientos estacionales, que son aquellos muy ligados al clima, el flujo de visitantes y los servicios que serán importantes para ellos.

Hay muchos casos que dan testimonio tangible sobre cómo las personas y sus comunidades pueden transformar algo muy malo en algo notable. Lo que parece ser un desacierto o una hecatombe se transforma, a fuerza de mapas mentales llenos de ingenio y consenso ciudadano, en novedosas formas de encauzar las actividades de negocios. Es así que las casas que venden helados se han transformado en tiempos frescos en cafeterías y pastelerías; los que fabrican ropa de playa también tienen su línea de abrigo para el invierno; y los cocineros reformulan sus menús de acuerdo a la estacionalidad.

Los destinos turísticos abren infinitas oportunidades para reinventarse, y de esto trata el presente capítulo. Conoceremos algunas técnicas profesionales muy concretas y sencillas de implementar para captar nuevos públicos, no solo en las típicas épocas de ese tipo de visitantes o clientes, y de qué forma podemos encarar un desarrollo de negocio cuando los turistas son quienes pueden hacer la diferencia. Veamos dichos ejemplos:

EJEMPLO 1
TURISMO - NUEVO EMPRENDIMIENTO - PYME

Desafío:
He iniciado una empresa de paquetes de golf para turistas extranjeros. El objetivo de mi consulta es saber cómo hacer campañas publicitarias y de promoción gratis.

Respuesta:
A priori la única forma en que podrías obtener algún tipo de espacios gratuitos es si fueses una Organización No Gubernamental (ONG) sin fines de lucro. En tu caso, por tratarse de un emprendimiento comercial en el que buscas generar un negocio, me permito comentarte algunos puntos que quizás debas considerar para poner en marcha tu gestión de comunicación:

1) Definir el *target* de tu emprendimiento: Esto te permitirá detectar quiénes son los potenciales consumidores a los que deseas llegar.

2) Luego, contactar a una serie de consultores especialistas en comunicación, relaciones públicas y relaciones con la prensa. Recomendación: Prepara un buen *brief* (descriptivo detallado) de todos los aspectos de tu negocio,

incluyendo tu plan comercial, y tu proyección a dos y tres años por lo menos.

3) Crear tu identidad corporativa: Imágenes, logotipos, isotipos, identidad gráfica, que conformarán la "personalidad" visual de tu emprendimiento. Este aspecto es sumamente importante a la hora de delinear un plan estratégico de comunicación.

4) Destinar un presupuesto apropiado para invertir en publicidad, promoción y relaciones públicas, por lo menos para el primer año. Hay tres tipos básicos de comunicación para productos de esta naturaleza. En términos generales, aquí va un resumen que puede ser de utilidad:

a) Comunicación publicitaria: Por ejemplo, avisos en diarios y revistas, spots de radio y TV, banners en Internet, etcétera. Debes considerar una fuerte inversión en medios extranjeros para "atraer" la atención de turistas que puedan consultarte. Te sugiero consultar con una agencia de publicidad pequeña o mediana, ya que esta podrá asesorarte profesionalmente en el armado de un buen sitio de Internet, campañas de avisos de publicidad paga que podrían abarcar revistas de líneas aéreas, sitios de Internet de alta exposición y otros segmentados al golf, etcétera.

b) Comunicación promocional: Por ejemplo, el

contacto directo mediante *mailings* personalizados, folletos entregados en mano, un objeto promocional dirigido a tu segmento específico de potenciales consumidores, participación de tu emprendimiento en un evento de tu actividad con un stand, etcétera. En este punto es ideal que contactes a agencias especializadas en promociones o marketing BTL *(Below the line)*, la disciplina del marketing que te permitirá realizar acciones efectivas, de alto impacto y muy focalizadas en tu potencial cliente.

c) Relaciones Públicas: Todas aquellas acciones con los distintos públicos a los que te dirigirás. Por ejemplo, potenciales compradores de tus paquetes de golf para extranjeros. Esto puede realizarse aplicando una serie de herramientas como:

• Difusión periodística; es decir, la creación y posterior gestión de difusión de noticias de impacto a partir de verdaderos diferenciales de tu producto, los que podrían encontrar eco en los distintos medios de prensa. Recuerda que los medios seleccionan las noticias de acuerdo a su importancia, y que a mayor diferencial, mayor potencial de aparición tienen estos contenidos en los medios, ávidos de novedades.

• Encuentros *"one-to-one"*: Encuentros personalizados con periodistas especializados en golf a los que puedes comentarles tu proyecto e incluso invitarlos a vivir la experiencia.

- Puedes también ampliar tus relaciones con el segmento turismo, para que se interesen en conocer tu producto.
- Diseña y coloca *on-line* una *web* atractiva, funcional, rápida de bajar y navegar, en varios idiomas. Para esto, te recomiendo que busques asesoramiento profesional, no solo en el aspecto de diseño gráfico, sino en empresas especializadas que te brindarán un servicio de *tracking* (monitoreo de quienes visitan tu sitio, en qué secciones navegan, en qué buscadores de Internet te conviene tener presencia, etcétera). Muchas de estas herramientas se consolidan gratuitamente con el tiempo por el solo hecho de estar *on-line* y sumar miles de visitas —si tu sitio es un éxito—. Clave: Actualiza tu sitio por lo menos una vez a la semana, de forma tal que cualquier visitante lo vea siempre renovado.
- Crea un *newsletter* mensual y administra muy prolijamente tus contactos. Esto requiere que dediques recursos tecnológicos básicos, tiempo personal y mucho sentido común.
- Dispón de al menos cuatro horas de tu día para dedicarlas a temas de comunicación. Son fundamentales para el éxito de tu negocio. Y te recomiendo que no solicites entrevistas con

especialistas hasta no tener correctamente identificado, desarrollado y avanzado tu plan de negocios. Es preferible esperar a dar pasos de gigante cuando todavía tu proyecto está en una etapa preliminar —si fuese el caso—.

Sugerencias finales:

- Lo importante es el contenido: Un contenido rico, novedoso, abarcativo para más de un público específico, potencia las posibilidades de atracción, tanto de periodistas como de potenciales compradores de tu servicio.
- Trabaja con profesionales: Generalmente en los inicios muchos buscan acercar a un equipo de amigos o familiares de distintas áreas; es preferible que inviertas los recursos apropiados en asesoramiento que te brindará el resultado que necesitas.
- Ten paciencia. Los resultados en cualquier plan de comunicación se ven entre los seis meses a un año de lanzado masivamente un producto. Y aun así, no son determinantes del éxito comercial.
- Finalmente, entrénate como vocero. Si deseas aparecer en los medios, necesitas prepararte lo suficiente para hacer de tus entrevistas algo atractivo, novedoso, con lenguaje sencillo y apropiado a cada tipo de medio periodístico que te toque abordar.

Como dijo el filósofo griego Aristóteles: *"La habilidad de expresar una idea, es tan importante como la idea misma".*

PLAN DE ACCIÓN – Ideas y próximos pasos:

1. Define el *target* de tu emprendimiento
2. Conforma una base de contactos adecuada a tu proyecto
3. Desarrolla un plan comercial con proyección a dos/tres años
4. Prepara un *brief* descriptivo de tu negocio
5. Imprímele "personalidad" visual a tu emprendimiento
6. Corrobora que la imagen gráfica concuerde con la identidad de tu empresa
7. Destina un presupuesto apropiado para publicidad y promoción
8. Practica el contacto directo con potenciales clientes mediante *mailings* personalizados
9. Promociona en medios extranjeros para "atraer" la atención de turistas
10. Utiliza promociones o marketing BTL *(Below the line)*
11. Participa de eventos de tu actividad
12. Difunde los diferenciales de tu producto
13. Gestiona con los medios noticias de impacto sobre el área en que te desempeñas

14. Mantén encuentros *one-to-one* con periodistas especializados en tu segmento
15. Amplía tus relaciones con los medios de turismo para que conozcan tu producto
16. Activa una *web* atractiva y funcional
17. Monitorea las preferencias de quienes visitan tu sitio
18. Actualiza tu página *web* con mucha frecuencia
19. Envía un *newsletter* mensual con noticias y novedades
20. Elabora un contenido abarcativo para más de un público específico

EJEMPLO 2
INDUMENTARIA - NUEVO EMPRENDIMIENTO - COMERCIO

Desafío:
Mi nombre es Ezequiel Martínez, y junto a una socia poseo una pequeña fábrica de ropa de cuero con detalles originales. Estamos vendiendo bien a revendedores y locales, pero buscamos ser conocidos por los turistas que se alojan en los hoteles de la ciudad. ¿Cómo podemos lograrlo?

Respuesta:
El desafío de llegar a los turistas que visitan la ciudad es compartido por múltiples sectores. Desde la comunicación, hay algunas herramientas no invasivas y de relacionamiento específico que pueden considerar:

1. ¿Pensaron en realizar una pauta publicitaria? Un porcentaje de su presupuesto anual global deberá ser destinado a acciones de publicidad. Algunas guías específicas dedicadas a turistas pueden ser el vehículo apropiado. Dependiendo de la zona donde tengan su local para ventas, hay guías barriales donde podrán aparecer. También en los hoteles se colocan exhibidores de folletería de distinto tipo que los turistas suelen retirar y consultar para diagramar sus compras.

2. Acción con revistas de líneas aéreas: Casi todas las aerolíneas con vuelos desde el exterior hacia nuestro país tienen sus revistas de a bordo. Usualmente, si publican una pauta publicitaria en estos medios, pueden acordar también que en determinadas secciones o ante necesidades de contenido periodístico consideren a su empresa en dichos artículos de prensa. Esto requiere inversión, aunque por otro lado, tendrán el beneficio de aparecer con noticias dentro de esos medios.

3. ¿Cuáles son sus diferenciales? Pueden apuntar a esto específicamente para diseñar una estrategia cruzada con locales de espectáculos que usualmente van a ver los turistas —por ejemplo, tanguerías—. También les sugiero negociar con selectos restaurantes la posibilidad de que obsequien *vouchers* de descuento importante, por ejemplo un 20% sobre el precio total de la

compra. Obviamente, usted tendrá que realizar un desembolso económico para estos acuerdos o establecer una "moneda de cambio" entre las distintas partes para que ambos se vean beneficiados.

4. Página *web*: ¿Su *web* está en varios idiomas?, ¿es lo suficientemente atractiva en cuanto a diseño, recursos y contenido? Les recomiendo una revisión completa de esta herramienta, colocando la información en múltiples idiomas, sumando contenidos de interés para los turistas —no solamente un muestrario de productos— y también elaborar un *newsletter* bimestral en varios idiomas para ser enviado a quienes se suscriban desde Internet. Luego, podrán contratar los servicios de expertos en *e-marketing* para optimizar su posicionamiento en buscadores, logrando aumentar sensiblemente el flujo de visitas al sitio. Google y Yahoo, por ejemplo, ofrecen planes promocionales para avisos promocionados destacados en determinados rubros, a valores accesibles.

5. ¿Su personal es bilingüe? Esto es fundamental para el desarrollo del negocio que están buscando.

6. ¿Participan de las ferias internacionales de turismo y hospitalidad que se realizan? Estar presentes con un stand, o simplemente visitar estas ferias puede brindarles importantes contactos y recursos, y despertar la creatividad para potenciar el contacto con el público objetivo que quieren conquistar.

Pauta: Todo lo que les sugiero requiere de persistencia a lo largo del tiempo, aplicar los recursos económicos necesarios y evaluar los resultados cada seis meses. Les sugiero que uno de ustedes o un consultor especializado en marketing pueda trabajar en estos aspectos para su empresa, ya que suele suceder que los titulares de un emprendimiento comienzan con mucho entusiasmo este tipo de acciones y luego, el día a día los hace perderse en la cotidianeidad de los asuntos urgentes e importantes, dejando de lado los pasos ya dados en pos del objetivo que buscan.

Cada uno de nosotros tiene motivos para pensar con profunda gratitud en aquellos que han encendido la llama que se escondía en nuestro interior.

—**Albert Schweitzer**, médico y filósofo franco-alemán, Premio Nobel de la Paz 1952.

PLAN DE ACCIÓN – Ideas y próximos pasos:

1. Prioricen el uso de herramientas de comunicación no invasivas
2. Destinen un porcentaje de su presupuesto anual a acciones de publicidad
3. Procuren tener presencia en las guías específicas dedicadas a turistas
4. No descarten la presencia en las guías barriales de los alrededores de su local

5. Negocien colocar exhibidores de folletería en hoteles

6. Gestionen pautas publicitarias en revistas de líneas aéreas

7. Dispongan material periodístico de su proyecto para incluir en revistas de líneas aéreas

8. Implementen estrategias cruzadas con locales de espectáculos donde concurran los turistas

9. Negocien con selectos restaurantes que obsequien *vouchers* de descuento de sus productos

10. Establezcan una "moneda de cambio" entre las distintas partes

11. Asegúrense de que su *web* esté en varios idiomas

12. Incluyan contenidos de interés para los turistas en su *websites*

13. Elaboren un *newsletter* bimestral en varios idiomas

14. Acudan a un experto en *e-marketing* para optimizar su posicionamiento en buscadores

15. Evalúen los planes promocionales de Google y Yahoo

16. Cuenten con personal bilingüe en su local

17. Participen de las ferias internacionales de turismo

18. Aprovechen las ferias y eventos del sector para despertar la creatividad

19. Recuerden que estar presentes con un stand realza su visibilidad

20. Aprovechen su participación en eventos del sector para hacerse de contactos

EJEMPLO 3
RECREACIÓN Y EVENTOS - BUSCANDO
EL CRECIMIENTO - PYME

Desafío:

Tengo una empresa de Servicios de Desarrollos Recreativos y Eventos, y llevo tres años trabajando en la temporada de verano en las playas. Esta actividad es contratada por balnearios y apart hoteles. El año pasado tuve un sponsor deportivo mediante un convenio de canje. Ahora, necesito lograr que los sponsors costeen la actividad, ya que yo consigo los espacios para explotarlos y realizar acciones. Pero para esto necesito saber cómo conseguir prensa para garantizarle exposición mediática al sponsor, además de la presencia de marca ante las personas que asisten al lugar.

Respuesta:

Esta consulta tiene varios costados:

Independientemente de la trayectoria, atractivos y calidad del producto recreativo que comercializa tu empresa, es indispensable que cada una de estas actividades tenga el suficiente "gancho" para transformarlas en noticia. ¿Cómo hacerlo? Los medios se basan en noticias de interés e impacto. Esto significa que, aplicando toda la creatividad y recursos posibles, es necesario generar novedades que involucren y llamen la atención del público. Luego, establecer un cronograma de relaciones con la prensa *no solo por el verano,* sino durante todo el año. Los vínculos más sólidos y efectivos son aquellos que se sostienen en el tiempo, por lo cual, y a modo de ejemplo, además de darles primicias, noticias, coberturas especiales, espacios para locaciones para producciones fotográficas, los medios aprecian este contacto frecuente, y no solo cuando una empresa, en este caso la tuya, los necesita.

A modo de anticipo, aquí van algunas claves de las relaciones con la prensa:

a) Diseñar el cronograma de actividades previstas buscando los aspectos diferenciales, distintivos y con carácter de noticia de las principales acciones a realizar.

b) Establecer un lenguaje de comunicación periodística con los medios. Aquí es importante recordar que "algo" es noticia cuando marca una cualidad distintiva, que involucra a un gran número de personas —o a un nicho en particular— y que responde a las preguntas básicas en el articulado de "noticias" (el qué, quién, cómo, cuándo, dónde y por qué). No confundir esto con lenguaje publicitario. El periodismo necesita contenidos que sean interesantes y que les permitan descubrir el otro costado y ángulo de las cosas.

c) Armar una completa lista de contactos de medios de prensa locales, regionales, nacionales e internacionales que seguramente a lo largo de estos años has conocido. Esa base de datos debe ser administrada, revisada, actualizada y puesta a punto rápidamente.

d) Considerar que los medios son cada vez más reticentes a la mención de marcas y productos, excepto que el evento o actividad sea realmente de gran impacto, o bien, que exista una relación entre dicha marca con determinados medios —por ejemplo, por acciones publicitarias que puedan realizar—, lo cual no garantiza, pero es una puerta de acceso diferente para acercarles información sobre las actividades.

e) Destinar un porcentaje de tu presupuesto global para las acciones de prensa y relaciones públicas, y otro porcentaje a publicidad paga para garantizar espacios en medios.

f) Disponer de una cámara digital para tomar fotografías profesionales de alta calidad ante eventos de impacto: Esto te permitirá circular dichas fotos a tu base de contactos, como forma de mantener el vínculo permanente con ellos.

g) Los sponsors deben saber que para lograr coberturas en los medios deben invertir y generar acciones que realmente sean llamativas y atractivas; es decir, que antes, durante o después, se conviertan en noticia. Y también que es necesario retribuir de alguna forma estas atenciones por parte de los medios, por ejemplo, enviándoles un agradecimiento especial o invitándolos a actividades sociales —por fuera de la actividad periodística— como forma de sostener ese acercamiento.

h)   También puedes habilitar un sector especial en los paradores para destinarlo a acciones de relaciones públicas con periodistas. Esto no necesariamente traerá que publiquen o reflejen sus noticias; sin embargo, lo tomarán como punto de referencia para otras instancias en esta temporada o las siguientes. Una vez más, es importante reforzar los vínculos.

Recuerda que se trata de un trabajo de redes. Tu desafío es establecer hoy una red que pueda rendir sus frutos, tal vez no esta temporada, pero pensando en las que vendrán. Los resultados no se producen mágicamente, excepto que generes una acción de tan alto impacto —como sería, a modo de ejemplo, un partido de fútbol playa que reúna a astros del fútbol—, lo cual atraerá la atención de la prensa por las características del mismo.

De igual forma, si no tienes grandes estrellas del deporte, hay muchas otras oportunidades y medios para aparecer en agendas, guías, opiniones, fotos panorámicas de paradores como fondo de las actividades, recursos que podrás ir aplicando progresivamente para lograr el resultado que necesitas.

Ninguna prueba, ninguna rectificación ni desmentido puede anular el efecto de una publicidad bien hecha.
—**Hermann Von Keyserling** , filósofo alemán báltico.

PLAN DE ACCIÓN – Ideas y próximos pasos:

1. Procura que tus actividades tengan suficiente "gancho" para transformarlas en noticia
2. Genera novedades que involucren y llamen la atención del público
3. Establece un cronograma de relaciones con la prensa
4. Da a los periodistas primicias, noticias y coberturas especiales
5. Pon a disposición de la prensa locaciones para producciones fotográficas
6. No limites tus acciones de prensa solo al verano
7. Recuerda que los vínculos más sólidos y efectivos son aquellos que se sostienen en el tiempo
8. Diseña el cronograma de actividades previstas buscando los aspectos diferenciales
9. No confundas el lenguaje de comunicación periodística con el lenguaje publicitario
10. Trata de descubrir y mostrar el otro costado de tu proyecto, más allá de lo evidente
11. Arma una completa lista de contactos de medios de prensa locales, regionales, nacionales e internacionales

12. Confirma y administra tu base de contactos de manera que esté chequeada, actualizada y puesta a punto rápidamente

13. Destina un porcentaje de tu presupuesto global para las acciones de prensa y relaciones públicas

14. Dispón de una cámara digital para tomar fotografías profesionales de alta calidad ante eventos de impacto

15. Habilita un sector especial en los paradores para acciones de relaciones públicas con periodistas

16. Aprovecha las acciones publicitarias como una puerta de acceso diferente para acercarles información sobre las actividades

17. Piensa en acciones llamativas y atractivas que antes, durante o después, se conviertan en noticia

18. Recuerda que es necesario retribuir de alguna forma las atenciones por parte de los medios

19. Invita a periodistas a actividades sociales

20. Establece una red de contactos que pueda rendir sus frutos a futuro

CAPÍTULO 6

Moviéndose del sueldo seguro a la empresa propia

"Todo aquello que sueñes hacer, comiénzalo. La audacia contiene en sí misma, genio, poder y magia", afirmaba Goethe, escritor y estadista alemán. Cuando estamos en ese punto de saturación donde todo lo que venimos haciendo no nos hace felices, podemos empezar a procesar internamente y pensar racionalmente en emprender por nuestra cuenta.

Más allá de los miedos y dudas, el camino se construye paso a paso. A veces tenemos metas gigantes, lo que es muy bueno, sin embargo, te sugiero reflexionar acerca de dividir este proceso en "mini metas" para ir concretándolas una a una, mientras sigues con tu actividad actual, si es que no puedes dejarla de momento.

Esta concreción de pasos "microscópicos" produce un efecto muy motivador y estimulante. El optimismo se apoderará de ti a cada paso, ya que, al ir cerrando estos pequeños círculos virtuosos en línea con tu objetivo mayor, ganarás en autoconfianza y aprendizaje, preparándote para lo que viene.

Tres sugerencias prácticas

1. Escribe tu proyecto: Hazlo con todo detalle y minuciosidad. Toma ejemplos de Internet y de cualquier otra fuente a la que tengas acceso. Hay muchos libros, videos y cursos disponibles, y la mayoría en forma gratuita. Define el proyecto como un plan de negocios con todos los ítems que necesitas desarrollar.
2. Ponle un plazo: Este punto es sumamente importante, pues determinará con certeza que eso que sueñas se vaya convirtiendo en realidad. Haz el plan de metas con fecha de término de cada paso. Esto te ayudará a ordenarte y a seguir una secuencia lógica. Recuerda que la mente del hemisferio izquierdo, la racional, necesita de datos duros y consistentes.
3. Pon tu firma, día y hora: Es la ratificación que te estás comprometiendo con todo tu ser con el proyecto que estás emprendiendo. No es lo mismo tenerlo impreso en papel, a mano, tangible, poder tocarlo, sentirlo, que solamente conservar tus ideas en un borrador dentro del computador. Simplifícate el proceso, comprometiéndote de verdad, si es cierto que quieres este cambio.

Más temprano o más tarde, el resultado estará esperándote, y será directamente proporcional al poder de tu intención y la afirmación positiva que le pongas. Así que ¡manos a la obra! ¡Carga tu proyecto de energía positiva y entusiasmo vital! Y disfruta del proceso, aprendiendo a cada paso incluso de los desafíos que, inevitablemente, se van a presentar.

Analicemos en estos ejemplos los pasos más efectivos a seguir para llegar al logro del objetivo:

EJEMPLO 1
DISEÑO Y CONSTRUCCIÓN - NUEVO EMPRENDIMIENTO - PROFESIONALES INDEPENDIENTES

Desafío:
Mi nombre es Mariana Leguizamón y soy arquitecta. Luego de haber trabajado casi diez años en distintas empresas, decidí asociarme con un amigo a fin de fundar un emprendimiento dedicado a Imagen, Diseño y Construcción. Ya tenemos la imagen corporativa desarrollada, pero deseamos saber más sobre cómo darnos a conocer y posicionarnos en el mercado para conseguir clientes.

Respuesta:
Hay una gran diferencia cuando pasamos de la cultura de formar parte de empresas constituidas —independientemente del rango alcanzado— a poner en marcha nuestra propia compañía. Hay cierta sensación de vértigo o

"mariposas en el estómago", como dicen los chicos, ante lo nuevo, frente a aquello que por un lado es conocido —por nuestra experiencia y trayectoria—, y por otro, desafiante e incierto.

Como dice la frase: *"Preocuparte es como sentarse en una mecedora: te entretiene, pero no te lleva a ningún lado".* Así que entonces, ¡acción!

1) Exploren a conciencia el desarrollo de toda su imagen corporativa. ¿Realmente los representa?, ¿describe cabalmente el tipo de servicios y el segmento en el que quieren posicionarse?, ¿tiene un lenguaje claro y llano?, ¿hay oportunidades para mejorar?

2) "Misión" y "visión": Les invito a revisar —o a detenerse a formular por escrito— estos dos enunciados. Muchas veces solemos pasarlos por alto, sin embargo, como seguramente sabrán, funcionan como la brújula que nos marcará el rumbo en épocas de tormenta y como reaseguro de que estamos en el camino apropiado cuando las cosas marchan bien.

3) *Website*: Sus servicios necesitan de un excelente soporte digital e interactivo. Cuánto más puedan hacer visible lo intangible, mejor. Simuladores de proyectos, planos virtuales, decoración, artículos breves sobre materiales innovadores, etapas que se requieren para desarrollar un proyecto en forma profesional, y tantos otros detalles que

seguramente conocen servirán de base para que la gente los consulte y se interese en evaluar la posibilidad de trabajar con ustedes.

4) Red de contactos: Comentas que tienen bien afianzados todos los vínculos en el segmento de la construcción. Quizás sea un buen punto de partida para establecer contactos personalizados con estas empresas y profesionales, y compartir con ellos su proyecto. Pueden generar reuniones, encuentros grupales entre colegas que tengan afinidad, enviar un *mailing* a un grupo segmentado de gente estratégica —aquella que, de alguna manera, funciona como "formadores de opinión" en su segmento"—, por mencionar algunos otros recursos.

5) Importante: Lleven siempre consigo un CD, DVD, carpeta, tarjetas personales y todos los elementos que contribuyan a la difusión de su empresa, pues nunca se sabe dónde se encuentra una oportunidad de negocios.

6) ¿Les gusta escribir? Pueden detectar periodistas y medios afines a su actividad —ya sea de nicho, dirigidos a su industria, o masivos— y ofrecerles columnas de opinión y contenidos, con sus firmas y página *web*. Muchos de ellos estarán encantados de recibir su cooperación profesional. Recuerden que todo lo que escriban y digan, forma parte de la primera imagen que están proyectando. Lo importante es perseverar, ya que los medios no

siempre responderán rápidamente o como ustedes desean. De todas maneras, estar presentes con ellos es una de las estrategias para conseguir aparecer en los medios y transformarse en uno de los referentes. La clave es lograr que estén en la agenda de periodistas y productores de programas para que los consulten sobre temas afines a su actividad.

7) Fotos profesionales: Les sugiero contratar a un excelente fotógrafo profesional para tomar algunas imágenes con espíritu "corporativo". Si te asaltó el pensamiento "¿fotos corporativas cuando recién empezamos?", no te asustes, ya que nadie tiene por qué saber que recién están emprendiendo este proyecto. La idea es crear una imagen sólida desde el primer momento. Clave: sin mentir, para crear la realidad y el resultado que queremos, muchas veces funciona "hacer como si" ya lo hubiésemos logrado. Conéctate con estas emociones y sensaciones. Vive como si ya fuera realidad lo que quieren conseguir. No se trata de vivir soñando, sino de vivir cocreando la realidad que queremos.

8) Guías industriales: Pueden ser una excelente fuente de contactos y base de datos general para llegar a posibles clientes. Podrán indagar en estas guías, segmentarlas por rubros, volcarlas a otro soporte para poder administrar bases de datos, y relevar los nombres y apellidos de las personas clave a contactar.

Como verán, el trabajo de construcción de imagen y establecimiento de redes no es algo que fructifique de un día para otro, sino que puede llevar entre seis meses y cinco años.

Comenzar tu obra es haber hecho la mitad. Comienza de nuevo, y la obra quedará terminada.

—Thomas Alva Edison, genial inventor estadounidense, creador de la lamparita eléctrica. Patentó más de mil inventos, uno cada quince días.

PLAN DE ACCIÓN – Ideas y próximos pasos:

1. Exploren a conciencia el desarrollo de toda su imagen corporativa
2. Diseñen una imagen corporativa que realmente los represente
3. Revisen la "misión" y "visión" de su emprendimiento
4. Den a conocer la "misión" y "visión" de su empresa
5. Utilicen un lenguaje claro y llano en sus comunicaciones
6. Cuenten con un excelente soporte digital e interactivo
7. Recuerden que cuánto más puedan hacer visible lo intangible, mejor
8. Echen mano de simuladores de proyectos, planos virtuales y de decoración

9. Escriban artículos breves sobre materiales innovadores, etapas de un proyecto, etcétera
10. Establezcan contactos personalizados con las empresas
11. Compartan su proyecto con empresas y profesionales
12. Generen reuniones y encuentros grupales entre colegas que tengan afinidad
13. Tengan contacto fluido con aquellas personas consideradas "formadores de opinión" en su segmento
14. Envíen un *mailing* a un grupo segmentado de gente estratégica
15. Ofrezcan columnas de opinión y contenidos a medios del sector
16. Incluyan siempre sus firmas y página *web* en los materiales periodísticos
17. Recuerden que todo lo que escriban y digan forma parte de la imagen que ustedes proyectan
18. Dispongan de fotos profesionales suyas y de su equipo de trabajo
19. Recurran a guías industriales para llegar a posibles clientes
20. Vuelquen los datos que dispongan a un soporte que permita administrar la base

EJEMPLO 2
DISEÑO / INDUMENTARIA - BUSCANDO EL
CRECIMIENTO - PROFESIONALES INDEPENDIENTES

Desafío:

Soy diseñadora de zapatos para mujeres. Descubrí este oficio hace tres años y me apasionó. Hoy estoy dejando mi trabajo y mi carrera para dedicarme 100% a este hobby. Ya tengo marca, logo, página web y varias clientas fanáticas. Hasta ahora me manejé con cantidades limitadas, pero quiero que mi marca crezca un poco más. No me interesa masificarme, sino crecer ofreciendo un producto de excelente calidad, con diseño, zapatos exclusivos que no se encuentren en cualquier lugar. Quiero hacer prensa y relaciones públicas para obtener publicidad gratis, aunque confieso que no tengo el presupuesto acorde. También quiero vincularme con famosos y celebridades. ¿Por dónde empiezo?

Respuesta:

Como dice la frase célebre, *"Si quieres triunfar al ciento por ciento, dedícate a ello al ciento por ciento"*. Con referencia a lo que comentas, hay que hacer una distinción entre "publicidad" y "relaciones públicas" —y, dentro de ellas, la disciplina específica de relaciones con la prensa—.

"Publicidad" es toda acción de pauta paga en medios, para publicar un anuncio —generalmente elaborado por agencias de publicidad— basado en la creatividad, repetición y frecuencia de exposición, partiendo de una estrategia apropiada para llegar al público que deseas, y una planificación de medios cuidadosa y exhaustiva, realizada por profesionales.

"Relaciones públicas" es toda acción de relacionamiento que genera resultados mediante una serie de tácticas y estrategias, tendientes a elevar la visibilidad de una marca, producto o servicio, a establecer redes y contactos estratégicos, y a realizar alianzas y acuerdos de *co-branding* (acción de marca compartida) entre marcas, productos, servicios y personas —por citar solo unas pocas aplicaciones de las relaciones públicas—. Dentro de las relaciones públicas se encuentran las relaciones con la prensa, cuya clave fundamental está sustentada en generar contenidos segmentados, convirtiendo en noticia los temas a comunicar.

Ahora bien, sí es posible encaminar tu posicionamiento, aplicando principios de las relaciones con la prensa como una parte —solo una parte— de tu estrategia.

Para entender cómo hacer prensa es importante preguntarse: ¿cuándo algo es noticia? Cuando responde el qué, quién, cómo, cuándo, dónde y por qué, y cuando ofrece una ventaja diferencial y notable para un público reducido o una gran cantidad de gente.

Ahora bien: ¿por qué un medio de prensa se tendría que interesar en tus zapatos? Tal vez por el diseño, por la novedad, por el espíritu de su emprendedora, por la expansión que va teniendo tu negocio, por los materiales que utilizas, por el *packaging*, por los canales de comercialización, ¡y la lista puede seguir en función de tu propia creatividad y los atributos de tu producto!

Hecha la diferenciación entre "publicidad" y "relaciones públicas", abordaremos ahora el relacionamiento con celebridades o famosos.

En muchos casos, estas relaciones son llevadas adelante en lo que nosotros denominamos *"good-will"*, relaciones de buena voluntad e identificación de un famoso con el producto, que lo lleva a lucirlo espontáneamente, sin que medie compromiso económico entre ambas partes. En otros casos, hay que realizar contratos de uso de imagen, lo cual implica una inversión.

Lucir un zapato por parte de un famoso es solamente una parte de tu estrategia global de comunicación. La primera sugerencia para que la consideres es que, de por sí, solamente eso no te traerá el resultado de expansión que buscas.

La sugerencia es que realices un mix entre inversión publicitaria —publicidad paga— y relaciones públicas —prensa, pequeños eventos, relaciones con famosos que sean conocidos tuyos o amigos de tus amigos—. Aquí es fundamental que te animes a explorar la red de contactos —directa o indirecta— con la que cuentas.

El tiempo para llevar adelante un posicionamiento de producto con recursos limitados en cuanto a la inversión es de aproximadamente tres a cinco años con continuidad. En comunicación, el "toco y me voy" no siempre es efectivo, y menos en este tipo de productos.

También mencionas honorarios relacionados con agencias de prensa y comunicación. Es importante que sepas qué hay detrás de la conformación de los presupuestos: horas hombre, trayectoria, experiencia profesional, estructura, equipos de trabajo asignados a ti como cliente. En definitiva, así como tus zapatos son hechos por una cadena de producción en la que están involucradas varias personas, una gestión profesional —repito, profesional, no en manos de improvisados o personas con buena voluntad pero poca efectividad en los resultados— implica la sumatoria de la experiencia de varios profesionales. Y eso tiene un valor.

Algunas claves que pueden ayudarte:

a) Realiza tu plan de negocios. ¿Lo tienes por escrito?
b) ¿Tienes un ítem de comunicación en dicho plan de negocios? De no ser así, la sugerencia es a que lo incorpores. Por lo general, debes partir de un 10% de tu facturación mensual destinado directamente a ser reinvertido con continuidad en estos temas.
c) Establece lazos directos con periodistas del segmento moda: Consumiendo medios (diarios, revistas, escuchando radio, viendo los créditos de los programas de televisión) podrás saber quién es quién y así, podrás contactarlos, enviándoles una propuesta para que conozcan tus productos. Si les gustan, podrían adoptarlos para sus contenidos y

producciones. Acércate a las productoras de las secciones de moda, asesores de imagen, vestuaristas y demás especialistas.

d) En el caso de acuerdos con figuras, si no pagas por uso de imagen, generalmente el acuerdo es para darles cierta cantidad de productos para ellos.

e) Trabaja siempre con gente profesional en cualquiera de las disciplinas de la comunicación.

f) Visita el portal de Relaciones Públicas de tu país. Seguramente, allí podrás encontrar, entre otros materiales, sugerencias sobre cómo contratar una consultora.

Me gusta tener mi dinero donde lo pueda ver: colgado en mi armario.

—**Frase del personaje Carrie Bradshaw,** periodista y fanática de los zapatos, en la serie 'Sex & the City'.

PLAN DE ACCIÓN – Ideas y próximos pasos:

1. Identifica la diferencia entre "publicidad" y "relaciones públicas

2. Realiza un mix entre inversión publicitaria y relaciones públicas

3. Haz un uso adecuado del relacionamiento con celebridades o famosos

4. Evalúa el canje de productos como moneda de cambio

5. Explora tu red de contactos
6. Recuerda que en comunicación, el "toco y me voy" no siempre es efectivo
7. Emprende un posicionamiento de producto constante
8. Realiza tu plan de negocios
9. Plasma tu plan de negocios en papel
10. Incluye un ítem de comunicación en tu plan de negocios
11. Reinvierte mínimamente un 10% de tu facturación mensual en publicidad y comunicación
12. Detecta quién es quién en la prensa de tu sector
13. Identifica a los periodistas del segmento moda
14. Entra en contacto con los periodistas de moda
15. Establece lazos directos con los periodistas clave
16. Envía tus productos a periodistas clave para que los conozcan
17. Negocia el uso de tus productos en producciones de revistas
18. Convierte en noticia temas de tus productos
19. Piensa razones para que los medios se interesen en tus zapatos
20. Trabaja siempre con profesionales en materia de comunicación. Los improvisados suelen ser mucho más costosos a la larga

CAPÍTULO 7

Cómo promover servicios on-line y cómo incrementar la venta on-line: Siete consejos prácticos

"No soy bueno con la tecnología", "tengo mi hijo de doce años que es una luz con el computador", "me siento más cómoda con mi libreta de apuntes". ¿Te suenan conocidas algunas de estas frases? Todos hemos pasado por esto alguna vez, aunque, ¡atención!, si queremos proyectar nuestra empresa en el mundo de hoy, entrar a Internet es condición ineludible.

El consumidor actual está expuesto a múltiples estímulos. Se estima que más del 75% de las decisiones de compra están vinculadas —en todo o en parte— con el mundo digital. Lo que alguien muestra en una red social, el *link* (enlace) a una página web, los videos donde mostramos los productos, tu *newsletter* de actualización de información y tarifas, el carro de compras para vender a distancia y las nuevas formas de comercio electrónico, son apenas un puñado de ejemplos concretos.

Te aliento fervientemente a desarrollar tu propio sistema digital con todo ímpetu y entusiasmo, pues esa será la llave para contactar a ese cliente que pasó solo una vez por tu negocio o quizás escuchó hablar de ti pero no tiene el contacto directo, a pesar de que vivan en una pequeña comunidad. Tal vez alguien quiere ver el producto, aunque sea en fotos, antes de decidir la compra, y necesita detalles, colores, medidas, descripciones.

Hasta hace unas décadas esto era sumamente costoso, ya que necesitábamos imprimir catálogos o folletos. Hoy, con la accesibilidad a Internet, podemos simplificar y maximizar el resultado comercial, al ofrecer una infinita variedad de estrategias comerciales para captar la atención no solo del cliente actual, sino de los clientes potenciales.

Busca a los mejores en tu zona y desarrolla modelos digitales de excelencia, con calidad. No dejes tu estrategia de Internet en manos de improvisados, te saldrá muy caro al final de cuentas.

Estas son algunas cosas que podrás hacer a costo razonable, sino gratis: crea catálogos dinámicos, coloridos y repletos de información; desarrolla videos cortos con tu celular y muéstrales tu producto; establece diálogos positivos con los consumidores o interesados a través de las redes sociales; crea contenidos interesantes, entretenidos y que tengan relación con tu marca, producto o servicio; vende tus productos a nichos específicos que solo encontrarás agrupados en grupos concretos de Internet. Empieza con estrategias on-line y bájalas al mundo real en cuanto sea factible, por ejemplo, para brindar soluciones a medida de cada cliente.

Hoy el universo de clientes es el planeta Tierra y no solo tu comunidad. Así empezaron pequeños apicultores que hoy exportan su miel a todo el mundo, o diseñadores de vanguardia, que de una producción muy pequeña, ya ocupan un lugar importante en las capitales de la moda. Si ellos lo hicieron, tú también puedes lograrlo. ¡Tu éxito está a solo un clic de distancia!

EJEMPLO 1
REGALOS EMPRESARIALES- BUSCANDO EL CRECIMIENTO - PYME

Desafío:
Mi nombre es Patricio Correia, y junto a un socio estoy pensando en poner un negocio online *de venta de regalos para empresas y particulares dirigido a un nivel medio-alto con productos nacionales e internacionales. Además de la venta* online *pretendemos destinar un lugar en la* web *llamado "Lifestyle", para incorporar notas relacionadas con el mundo de la gastronomía, el buen vivir y los placeres de la vida.*
Las preguntas son: ¿es bueno mezclar estas dos cosas, la información y la venta?, ¿qué consejo nos podría dar para encarar el negocio?, ¿cómo nos podemos diferenciar del resto, ya que hay mucha competencia?

Respuesta:

Aquí van siete claves que pueden ayudar a aclarar tus dudas:

1) Nombre: Si el elegido es "Estilos del mundo", es un muy buen concepto para volcar contenidos, y como consecuencia, promover tu empresa de regalos. El nombre es fundamental, ya que representa el punto de partida sobre el cual gira la identidad corporativa del emprendimiento. Luego, se requiere un diseño moderno, sencillo, ágil, limpio, que transmita la esencia del negocio.

2) ¿Contenido o venta?, ¿venta o contenido? Como usuario de miles de *newsletters*, y poseedor de millones de *spams* (correo basura), seguramente compartirás la idea de que no queremos que nos invadan con más publicidad encubierta. Por lo tanto, quizás en la primera etapa, convenga posicionarse como un nuevo medio de comunicación sobre regalos, estilo de vida, tendencias, etcétera, que —¡oh casualidad!— tendrá como *main sponsor* a su empresa. Por lo tanto, me inclino por la primera opción: contenido, con una mención de su empresa como sponsor. Esta alusión podrá ser, si es una revista digital, en forma de aparición gráfica que le permita que cualquiera pueda linkearse inmediatamente a la *web* específica de la unidad de negocios de regalos.

3) Promociones como motor para captar interés: Algo a considerar es que para lograr mayor impacto y que la

gente estratégica haga clic en tu anuncio promocional dentro de la revista de contenido necesitarás crear puntos de atracción. Promociones, sorteos, *showroom* a domicilio, líneas especiales de productos estacionales pueden servir para lograr este resultado.

Recuerdo un caso que me tocó vivir: una empresa de regalos empresariales y *merchandising* me envió muchas invitaciones a suscribirme a su revista en papel y a su *newsletter* digital; a cambio de mi suscripción me enviarían una radio AM/FM de obsequio. Se trataba de una especie de robot "Arturito" de "La guerra de las galaxias" para poner en mi escritorio. Era tentadora la oferta. ¿A quién no le gusta recibir un regalo? El problema fue que tardaron unos tres meses en enviarme el regalo. Por lo tanto, cuando hagas promociones, presta mucha atención a la celeridad en cumplir con tu promesa.

4) Formularios automáticos para crear un *customer catalog*: Se me ocurre que la *web* podría incluir una opción de crear un catálogo especial para ese consumidor. Por ejemplo, a partir de un completo menú de opciones sobre "el motivo" del regalo —cumpleaños, boda, hombre, mujer, rango de edad, ciudad, regalo empresarial o personal, rango de precios, estilo (moderno, clásico, formal, alto impacto), pueden cruzar datos en tu catálogo completo, y enviarle de inmediato un catálogo personalizado con el nombre y apellido de ese potencial cliente. Allí incluirán, en primera instancia, las diez o veinte opciones que se

adaptan a los criterios predefinidos por el usuario; y luego, sí, pueden incluir otros productos.

Incluso podrás agregarle productos bonificados o a precio diferencial —moviendo los ítems de stock—, sumando valor al proceso de compra y preferencia. ¿Difícil? No necesariamente. Un buen programador y diseñador sabrá cómo implementar esta tecnología para que te diferencie sustancialmente de la competencia.

5) Bases de datos: Las secretarias ejecutivas en casi todas las empresas, los mandos medios y altos en departamentos de Compras, Marketing, Publicidad, Relaciones Institucionales y Relaciones Públicas; y las agencias de Prensa y Relaciones Públicas —entre muchos otros públicos— pueden ser algunos de tus principales interesados. Allí tienes una oportunidad de crear estrategias para llegar directamente a ellos: *showrooms* portátiles, participación en eventos del sector, creación de una comunidad virtual con estas personas —en las redes existentes, por ejemplo—, podrán servir, también, para mantenerlos al tanto de las novedades.

6) Cumplimiento de plazos: Este es un punto sumamente sensible, sobre el cual imagino ya has trabajado en detalle para que no se produzcan desvíos y problemas que atenten contra el éxito de tu negocio.

7) Formas de pago: El pago *on-line* es lo mejor para este tipo de casos, sobre todo en compras menores; y, por

supuesto, necesitarás instrumentar los mecanismos administrativos, contables y financieros apropiados para entrar en compras mayores que realicen clientes grandes. Te sugiero que tengas muy en cuenta el *delay* (retraso) en los pagos/cobranzas que casi inevitablemente se suscitará, para no atravesar luego nubarrones financieros. Hay empresas que se dedican a brindar estos servicios de cobro *on-line* con seguridad, y te liquidan los montos, reteniendo una porción a modo de comisión. Estudia bien la estructura de costos para no quedar sin rentabilidad. Los profesionales especializados en administración de empresas y contadores que saben crear empresas exitosas podrán asistirte en el proceso.

La vida es una aventura intrépida o no es nada.

—**Helen Keller,** autora, activista política y oradora estadounidense sordociega.

PLAN DE ACCIÓN - Ideas y próximos pasos:

1. Recuerda que en torno al nombre gira la identidad corporativa
2. Aplica un diseño moderno, sencillo, ágil y limpio en tu *web*
3. Procura que tu *web* transmita la esencia del negocio
4. Cuida de no invadir con publicidad encubierta
5. Posiciónate primero como nuevo medio de

comunicación sobre regalos, estilo de vida y tendencias

6. Que tu propia empresa de regalos empresariales sea el principal sponsor

7. Ofrece la posibilidad de linkearse inmediatamente a la *web* de la unidad de negocios de regalos

8. Utiliza promociones como motor para captar interés

9. Crea puntos de atracción: promociones, sorteos, *showroom* a domicilio, etcétera

10. Presta atención a la celeridad de cumplir con tus promociones y regalos

11. Incluye formularios automáticos para crear un *customer catalog*

12. Ofrece un completo menú de opciones de compra en tu *web*

13. Segmenta los catálogos de productos para facilitar la elección

14. Aplica una herramienta *on-line* que personalice la búsqueda de los clientes

15. Dispón de *showrooms* portátiles

16. Participa en eventos del sector empresarial

17. Crea una comunidad virtual con tus potenciales clientes

18. Incorpórate a redes sociales como Facebook para mantener al tanto de las novedades

19. Ofrece posibilidades de pago *on-line*

20. Brinda seguridad para compras *on-line* en tu sitio *web*

EJEMPLO 2
EDUCACIÓN- NUEVO EMPRENDIMIENTO -
PROFESIONALES INDEPENDIENTES

Desafío:
Mi caso trata del lanzamiento de un emprendimiento que provee un sistema de aulas virtuales a los institutos de terapias alternativas, como la metafísica, astrología y programación neurolingüística, entre otras disciplinas.
Según he investigado, las aulas virtuales ofrecen no solo un espacio de aprendizaje, sino también una coordinadora virtual para desarrollar sus clases, ampliando los horizontes de la enseñanza. Al igual que para cualquier empresa, ahora, su mercado es el mundo.
El producto está pensado en función de las necesidades particulares de cada profesional, se adapta a su medida. ¿Cómo debo hacer para captar clientes?, ¿cómo llamo la atención del segmento para empezar a vender los servicios?

Respuesta:
La enseñanza *on-line* y el ofrecimiento de estos productos está en continuo crecimiento, así que tienes potencial de éxito. Una primera clave: si no lo has hecho, aunque ya estés en marcha con tu emprendimiento, posiciónate en Internet, sobre todo cuando utilizas la *web* como plataforma.

Otra idea complementaria es: ¿cómo hacer tangible lo intangible?, ¿cómo mostrar de manera real la experiencia de lo que puede significar un aula virtual, expandiendo los negocios más allá de la frontera?

Aquí van algunas ideas:

a) Genera seminarios intensivos para tus posibles clientes de todos los rubros afines al público objetivo que quieres captar. Esto te permitirá constituirte en el tiempo en un alto referente en la materia. Haz que vivan la experiencia, que conozcan el producto a fondo. En principio no intentes venderles nada, simplemente que conozcan lo que haces y la experiencia que tienes.

b) Remarca el valor de expandirte más allá de las fronteras, enfocado desde la "misión" y "visión", y la filosofía de vida que suelen tener muchos de los que se especializan en la materia. El tocar esa cuerda emocional es fundamental para que ellos sientan que "estás en la misma frecuencia". A partir de allí, podrás fomentar vínculos personalizados, y luego, asesorarlos apropiadamente para que inicien sus aulas virtuales.

c) Escribe artículos para medios especializados o afines a las temáticas: Contáctate con las docenas de revistas, boletines y *newsletters* que llegan a tus potenciales clientes, y ofréceles colaboraciones con columnas periodísticas sobre tu especialidad. Los medios suelen estar ávidos de contenidos.

d) Crea una identidad visual atractiva: Allí podrás trabajar mejor el concepto de "tiempo propio" para anclar tu marca ligada al mensaje que deseas transmitir.

e) Participa en ferias y exposiciones: Es una excelente oportunidad para crear redes y establecer lazos que potencialmente puedan transformarse en negocios posteriores.

f) Estudia la estructura de costos de tu negocio: Este aspecto es clave para tu éxito. Averigua casos internacionales, toma ejemplos y adáptalos al mercado local como referencia. Busca formas de pago atractivas que te aseguren el flujo de fondos apropiado en tiempo y forma. Los profesionales de administración y finanzas podrán asesorarte con precisión.

g) Crea un *e-book* (libro electrónico) gratuito enfocado en las aulas virtuales para ese mercado. Esto te permitirá llegar rápidamente a un gran universo de potenciales clientes en los que te posicionarás como la experta en la materia.

h) Asesórate legalmente: Necesitas deslindar responsabilidades por los resultados de las capacitaciones virtuales que brinden tus clientes. Establece acuerdos de confidencialidad con ellos, y todas las precauciones inherentes al producto que comercializas.

i) Genera alianzas estratégicas: Busca empresas que brinden productos o servicios que, de alguna manera, puedan complementar tu trabajo. Por ejemplo, aquellas que se dedican a hacer boletines electrónicos. Así, podrás funcionar como una usina creativa de contenidos —más allá de las aulas virtuales— para tus potenciales clientes.

j) Conoce a fondo a cada cliente antes de entrevistarte: Haz un relevamiento de información, chequea referencias, busca artículos periodísticos, visita su *website*, haz de *mistery shopper* (comprador oculto o misterioso). Esto te dará valiosa información sobre tu posible cliente, y podrás tomar esos datos para transformarlos en argumentos de venta.

La comunicación es la energía de las empresas que se conciben a sí mismas como generadoras de múltiples riquezas a partir de una comprensión más fecunda del significado de las acciones humanas.

—Carlos Álvarez Tejeiro, consultor y especialista en procesos organizacionales.

PLAN DE ACCIÓN - Ideas y próximos pasos:

1. Posiciónate en Internet
2. Genera seminarios intensivos para posibles clientes
3. Busca posicionarte como referente en la materia

4. Haz que tus posibles clientes vivan la experiencia
5. Da a conocer el producto, aun sin ventas a la vista
6. Remarca el valor de expandirte más allá de las fronteras
7. Fomenta vínculos personalizados
8. Asesora apropiadamente a tus clientes para que inicien sus aulas virtuales
9. Escribe artículos para medios afines a las temáticas
10. Ofrece colaboraciones en revistas y *newsletters* que llegan a tus potenciales clientes
11. Crea una identidad visual atractiva
12. Recuerda "anclar" el mensaje que deseas transmitir en tu imagen corporativa
13. Participa en ferias y exposiciones
14. Estudia la estructura de costos de tu negocio
15. Averigua casos internacionales y adáptalos al mercado local
16. Crea un libro electrónico enfocado en las aulas virtuales
17. Establece acuerdos de confidencialidad con tus clientes
18. Genera alianzas estratégicas
19. Conoce a fondo a cada cliente antes de entrevistarte
20. Haz de *mistery shopper* (comprador oculto) para relevar información

CAPÍTULO 8

Cómo lograr el máximo beneficio con el mínimo de esfuerzo en comunicación

A esta altura de la lectura, estimo que te habrás dado cuenta de que me gusta ser concreto y tangible, y evito irme por las ramas. Esto mismo es lo que te invito a hacer para tener más éxito en tu negocio.

En temas de comunicación, ahora que conoces la diferencia entre marketing, publicidad, relaciones públicas, comunicación institucional, y qué puedes hacer en el mundo de Internet, es importante que consideres algunos aspectos básicos que te ayudarán a acortar la brecha entre lo que tú quieres ofrecer y lo que tu cliente quiere recibir. Veamos:

1) **La comunicación se basa en percepciones**
Es posible que pase algún tiempo hasta que puedas transformar las cosas en una experiencia concreta con tus clientes. Por eso, trabaja en las percepciones positivas en

comunicación desde el primer minuto. ¿Te has preguntado alguna vez por qué eliges determinada marca y no otra?, ¿o por qué pides un turno con determinado abogado habiendo tantos otros en tu ciudad? Forma parte de este mundo de lo sensorial, atravesado por lo que *denota* —lo que se nota a través de los sentidos— mucho más que en formas concretas.

2) **Pregunta y luego responde**

No acorrales a tus clientes con tu discurso de venta, que, de tan repetido, sonará poco creíble. Sencillamente, ábrete a escuchar y percibe qué te dicen, con qué emociones, qué sensaciones, cuáles son las palabras claves que utilizan, con qué tono de voz, cómo es la expresión de sus ojos y de su cuerpo, en definitiva, presta atención a lo que llamamos lenguaje no verbal. Entonces, recién entonces, formula alguna pregunta, y todavía no ofrezcas nada: solo pregunta algo complementario, y hazle saber que lo haces para tener la certeza de haberle comprendido. Esto es prácticamente lo contrario a lo que muchas personas hacen en la vida, donde el hablar por hablar se ha convertido en una forma de tapar los agujeros existenciales.

3) **Descubre qué le gusta a tu cliente**

Esta sencilla pauta es dejada de lado por los vendedores en más del 90% de los casos. Se pierden en su entusiasmo por cerrar una venta y facturar, en vez de observar desde distintos puntos de vista y colocarse en los zapatos del consumidor. Esto se llama empatía. Así, mirando el mundo casi con sus ojos, podremos estructurar nuestro modelo de ventas en forma mucho más precisa, de acuerdo a lo que el cliente quiere y espera de nosotros, y no al revés.

Todo lo que aquí comparto lo he probado y puedo afirmar que verdaderamente sí funciona; solo hay que manejar el tiempo y la secuencia de desarrollo de la comunicación. Lo mismo ocurre con las redes sociales, los concursos que puedas organizar y todas las formas de comunicación que, por sencillas que parezcan, tienen su metodología, estrategia y tácticas. Examinemos cómo funcionan estos tips en los próximos casos:

EJEMPLO 1
PÁGINA *WEB* - REDES SOCIALES - BUSCANDO EL CRECIMIENTO - PROFESIONALES INDEPENDIENTES

Desafío:
Somos un grupo de amigos seguidores de las ideas de Robert Kiyosaki, autor de "Padre Rico, Padre Pobre", que nos juntamos regularmente a jugar su juego, llamado "Cashflow".
Luego de varias reuniones nos preguntamos: "¿cómo seguimos?", ya que llevar a cabo sus ideas implica meterse en temas de formación financiera y búsqueda de oportunidades de inversión, y entendiendo que juntarnos generaba una sinergia, decidimos lanzar una página web *para ofrecer a otros lectores de Kiyosaki alternativas de formación, así como*

oportunidades y ayudas que pueden servir para "salir de la carrera de la rata", según él lo define.

Necesitamos seguir promocionando el sitio, entendiendo que al momento no tenemos un modelo de negocio planteado, ya que el emprendimiento lo hacemos durante nuestro tiempo libre. Creemos firmemente que las acciones de prensa serían la promoción ideal, aunque estamos abiertos a cualquier sugerencia.

Respuesta:

Esta respuesta estará basada en los principios que el mismo autor de "Padre Rico, Padre Pobre" promueve en sus libros: "mínimo esfuerzo, máximo beneficio".

a) Si tienen actualmente unas doscientas visitas por día en el sitio de Internet, esa es una excelente herramienta para expandir la red. Crear redes virtuales de personas interesadas en una misma temática, es un gran punto de expansión para el emprendimiento. Establezcan alianzas con otros clubes similares de todo el mundo, pues esto ayudará a generar tráfico rápidamente.

b) ¿El sitio se actualiza frecuentemente? Es importante que el visitante encuentre contenido nuevo, no solo relacionado con los libros o el autor, dado que de esta forma se transformarían en un revendedor de libros, algo que, aunque interesante, entiendo que no es la "misión" de su club de amigos. Contenido interesante, atractivo, "trucos" y claves resumidas sobre la base de la experiencia personal y, sobre todo, de la puesta en práctica de las enseñanzas de Kiyosaki, pueden ser de interés.

c) ¿Tienen una buena base de datos de quienes visitan el sitio? Esto puede lograrse a partir de formularios de suscripción a un boletín mensual de novedades con al menos un artículo de interés y, como contraprestación, algún estímulo adicional, por ejemplo, acuerdos con la editorial local de los libros del autor para obsequiar una cierta cantidad de ejemplares.

d) ¿Acceden a información privilegiada del autor? Sé que Kiyosaki tiene su propia empresa de capacitación, y que uno de sus fuertes es expandir su producto a través de sub-productos para distintos targets. Quizás ustedes accedan a toda o parte de dicha información, por lo cual sería recomendable que puedan contar con su autorización para utilizarla como contenidos en su sitio de Internet, y en el diseño y armado del *newsletter*.

e) ¿Qué tal un "Campeonato Nacional de *Cashflow*"? Podría iniciarse con una videoconferencia de Robert Kiyosaki dando claves para el juego, y se desarrollaría en un espacio amplio, convenientemente adaptado para la dinámica del juego.

f) ¿Capacitación complementaria en temas relacionados con el espíritu del juego? Hay muchos coaches (entrenadores) que brindan distinto tipo de capacitaciones que se relacionan, en forma directa o indirecta, con el espíritu del mensaje del autor. Por ejemplo, en mi caso personal, trabajo en temas de liderazgo profesional y organización del tiempo, además de mi experiencia en terrenos de capacitación sobre comunicación y medios. Organizar una serie de conferencias y talleres con especialistas puede ser otra clave para seguir expandiéndose.

g) Información para la prensa: Cualquier acción pública, sobre todo si es gratuita o tiene un valor accesible al público en general, es de potencial interés periodístico. Por lo cual les sugiero que vayan confeccionando una buena base de datos de contactos de prensa a los que les pueda interesar su actividad, y manténganlos al tanto periódicamente con sus noticias.

h) Foros de discusión vía Internet: Encuentros virtuales, más allá del encuentro personal. Esto les permitirá expandir su red de contactos a través de la red de redes, y acceder a grupos de afinidad más allá de su ciudad y país. Hay millones de personas alrededor del mundo que podrían interesarse en estar en contacto con ustedes. ¡La expansión no tiene límites cuando el enfoque es claro!

i) *Cashflow* para chicos: ¿Qué tal generar actividades en los colegios de sus hijos, sobrinos o nietos? Partiendo de la base filosofal del primer libro del autor, quizás puedan considerar esta como una buena idea para expandir y desarrollar un programa mensual donde los chicos accedan a este tipo de aprendizajes. A la vez, ustedes se nutrirán de la sabiduría natural que suelen tener los más pequeños. Y nuestro "niño interno" se sentirá regocijado de jugar y divertirse, a la vez que quizás destraba viejos patrones sobre la abundancia y el dinero.

j) Finalmente, en cada evento público que organicen, es importante que distribuyan un *newsletter* impreso a cada participante, con información relevante sobre *Cashflow*, su grupo, su sitio de Internet, las vías de contacto y las múltiples formas de interactuar en grupo; así todos saldrán beneficiados.

> *Yo quiero que la gente sepa que tienen el poder y la capacidad para tener todo el dinero que deseen... si lo desean. Y ese poder no se encuentra en el dinero. El poder no se encuentra fuera de ellos. El poder se encuentra en sus ideas. No tiene que ver con el dinero, sino con el poder... el poder de sus ideas.*
> **—Robert Kiyosaki,** autor de "Padre rico, Padre pobre".

PLAN DE ACCIÓN - Ideas y próximos pasos:

1. Aprovechen su sitio de Internet para expandir su red de contactos. Establezcan alianzas con otros clubes de todo el mundo para generar replicación y tráfico

2. Creen redes virtuales de personas interesadas en una misma temática

3. Actualicen semanalmente su sitio

4. Coloquen regularmente nuevos contenidos en su página *web*

5. No se limiten solo a contenidos de la temática de su negocio

6. Muestren en su página *web* "trucos" y claves basadas en su experiencia personal

7. Utilicen contenidos audiovisuales en su *web*

8. Elaboren un boletín mensual de novedades

9. Incluyan al menos un artículo de interés en cada boletín

10. Distribuyan *newsletters* impresos en cada evento que organicen

11. Consigan beneficios o descuentos para sus clientes

12. Piensen en obsequios para fidelizar sus clientes

13. Esfuércense para lograr información privilegiada para sus lectores

14. Elaboren estrategias de expansión a nivel nacional

15. Ofrezcan capacitación complementaria en temas relacionados con el espíritu del juego

16. Organicen conferencias y talleres con especialistas

17. Recurran a coaches (entrenadores) de liderazgo profesional y organización del tiempo

18. Creen una buena base de datos de contactos de prensa

19. Mantengan a sus contactos de prensa al tanto con sus noticias
20. Generen foros de discusión vía Internet

EJEMPLO 2
DEPORTES - BUSCANDO EL CRECIMIENTO - COMERCIO TEXTIL

Desafío:
Tengo una tienda de indumentaria para deportes extremos (escalada, buceo, trekking, *entre otros) y todo lo que tiene que ver con camping y aire libre. Ofrezco además salidas de campamento y excursiones de* trekking *a diferentes puntos turísticos. Mi público es muy heterogéneo. ¿Cómo tengo que utilizar las redes sociales y demás tecnologías que van surgiendo para promoverme con una comunicación o publicidad efectiva a mis posibles clientes?*

Respuesta:
Si bien los amantes de los deportes extremos pueden ser un grupo heterogéneo debido al número de diversas actividades que engloba, puede también encontrarse factores comunes que los agrupen. Allí tenemos una clave para acertar con una comunicación bien enfocada. Busca el factor común entre tus clientes y tus posibles clientes. Uno de esos factores puede ser la juventud. Es probable que buena parte de los practicantes de deportes extremos se ubiquen en una franja de edad entre los dieciséis y los cuarenta años. Aprovecha

este factor, echa mano a las herramientas de la Web 2.0 y redes sociales, que tan bien se manejan entre los jóvenes, y basa su comunicación en ellas. Aquí van algunos tips:

1) Ten un perfil de Facebook y mantenlo activo. Crea un Grupo de Facebook exclusivo de tu negocio. Puedes buscar sumar amigos "buceando" en grupos y comunidades de Facebook. También crea una cuenta de Twitter y otras redes sociales afines a las edades de los consumidores, y utilízalas para mostrar, entre otros aspectos, tus novedades, promociones, nuevos artículos y salidas. Intenta captar la atención de tus *followers* con mensajes llamativos y de impacto. Estimula la participación de clientes y posibles clientes en tus perfiles de redes sociales y fomenta el feedback con tus amigos y seguidores. Una buena opción puede ser crear un álbum de fotos donde recibas las imágenes enviadas por clientes y posibles clientes. En este sentido, puedes abrir una cuenta de Flickr donde subas las fotos que te envían y así compartirlas con tus clientes.

2) Busca crear un grupo de pertenencia que vaya aumentando tu base de "asociados" con el correr del tiempo, del "boca a boca" y la visibilidad de las redes sociales. Desarrolla un *newsletter* mensual donde puedas colocar próximas salidas, notas de interés, promociones, nuevos equipos e indumentarias. Inicia un concurso de fotografía entre quienes reciben el

newsletter, premiando los primeros puestos con *vouchers* para ser utilizados en tu comercio, ya sea para salidas como para productos.

3) Desarrolla una sección de "mi experiencia", donde los lectores puedan escribir alguna aventura vivida haciendo vida al aire libre. Esto ayudará a fidelizar a tus clientes, al hacerlos más partícipes de tu grupo. Haz concursos de trivias a través de Twitter y Facebook, ofreciendo premios semanales sorpresa. Genera temas de discusión para fomentar el feedback de tus seguidores, amigos, clientes y potenciales clientes a través de *comments*.

Recuerda que las herramientas Web 2.0 y las redes sociales solo están limitadas por la creatividad. Prueba, intenta, crea. Ese es el secreto de las nuevas plataformas de comunicación social: ser creativo.

Un líder sabe qué debe hacerse. Un administrador solo sabe cómo hacerlo.

—**Ken Adelman**, historiador y diplomático norteamericano.

PLAN DE ACCIÓN - Ideas y próximos pasos:

1. Busca factores comunes que agrupen a tus clientes
2. Proponte efectuar una comunicación bien enfocada
3. Echa mano a las herramientas de la Web 2.0
4. Incursiona en las redes sociales

5. Crea un perfil de Facebook
6. Crea un Grupo de Facebook exclusivo de tu negocio
7. Busca sumar amigos buscando en Grupos y comunidades de Facebook
8. Ten una cuenta de Twitter
9. Muestra tus novedades en Twitter
10. Capta la atención de tus *followers* con mensajes llamativos
11. Estimula la participación de clientes y posibles clientes en tus perfiles de redes sociales
12. Fomenta el feedback con tus amigos y seguidores
13. Abre una cuenta de Flickr donde puedas subir las fotos que te envían
14. Busca crear un grupo de pertenencia que vaya aumentando tu base de "asociados"
15. Desarrolla un *newsletter* mensual donde puedas colocar las novedades
16. Inicia un concurso de fotografía entre quienes reciben el *newsletter*
17. Desarrolla una sección donde los lectores puedan escribir alguna aventura vivida
18. Haz concursos de trivias a través de Twitter y Facebook
19. Genera temas de discusión para fomentar el feedback de tus seguidores, amigos, clientes y potenciales clientes
20. Recuerda que las herramientas Web 2.0 y las redes sociales solo están limitadas por la creatividad

CAPÍTULO 9

Ideas para promover institutos educativos

La educación es uno de los pilares sociales más importantes, y abarca a todos los segmentos de la comunidad. Si nuestro propósito es desarrollarnos en este segmento, necesitamos conocer profundamente cuáles son los anhelos y los valores de nuestros clientes.

Cuando una familia nos elige para la formación educativa formal en una institución privada o pública, se produce un intercambio de confianza en el que ambas partes desarrollarán un vínculo que va mucho más allá de la enseñanza e instrucción, los programas de estudio y los docentes. Se construye una relación que, convenientemente gestionada, puede perdurar muchos años. Para esto es importante posicionarnos en la mente de la comunidad con altos estándares de calidad, excelencia y trato; con valores y una visión clara; con una formación específica y circunscripta a los programas de estudios que ofrecemos. Aunque hay algo más importante que todo esto, y es la *experiencia* educativa, algo que muchas veces no puede describirse sencillamente con palabras, sino que simplemente acontece con el correr el tiempo, y tiene múltiples voceros, como ser los alumnos, los maestros y el grupo familiar completo, incluidos los vecinos. La experiencia se produce cuando el hecho por el cual nos contratan o eligen nuestros servicios produce un resultado lo más acorde y en sincronía con lo que se espera de nosotros. De no mediar inconvenientes graves, la experiencia será gratificante y enriquecedora para todos.

En medio de esta cultura en la que muchas veces lo económico está por encima de los valores, encontramos en el ámbito de la formación educativa un eslabón esencial desde el que podemos proyectar nuestro emprendimiento, si lo sabemos hacer con profesionalismo y sin claudicar. Así, los valores esenciales de cada familia y cada alumno en particular pasan a conformar esta misión que puede acompañarnos en el desarrollo que lo estamos haciendo. Es necesario encontrar modelos flexibles, creativos, innovadores, integradores, donde se respeten las diferencias y a la vez, se integren en un conjunto de herramientas que, en años, servirán para volcarlas en experiencias constructivas en la vida.

Cuando logramos hacer de estos objetivos experiencias inolvidables —y esto funciona tanto para la educación como para cualquier tipo de marca, producto o servicio—, tendremos más de la mitad del camino allanado para seguir creciendo.

Observemos qué pasos debemos dar en estos ejemplos para lograr el crecimiento esperado:

EJEMPLO 1
EDUCACIÓN- BUSCANDO EL CRECIMIENTO - INSTITUCIÓN EDUCATIVA

Desafío:

Hace cinco años que realizo la divulgación de los productos de mi institución educativa principalmente en diarios y periódicos. Muy ocasionalmente, complemento con folletería y campañas de avisos en radios. Observando el monto de dinero invertido, pienso que los niveles de respuesta son demasiado bajos para las acciones realizadas. Por ejemplo, en las últimas acciones mediante folletos distribuí treinta mil piezas puerta a puerta, y obtuve un buen nivel de consultas (a razón de quince llamados telefónicos, cinco mensajes SMS diarios y unos cinco mails). Sin embargo, no he obtenido un incremento en las inscripciones, sino que estas han sido iguales a años anteriores en donde solo publicaba avisos en diarios. Este año he realizado en forma conjunta diarios y folletería.

Mi objetivo es saber si existe algún indicio, error o acierto en lo que estoy llevando a cabo, y así tener en cuenta dicha posibilidad para las próximas acciones de comunicación.

Respuesta:

Es interesante lo que se plantea, ya que muchas veces los que lideramos proyectos pensamos que estamos haciendo todo lo necesario para comunicar nuestras marcas, productos y servicios, y no obstante, no obtenemos el resultado deseado. Por lo que refieres, estás realizando regularmente —esto es con continuidad durante los últimos años, y aquí la continuidad es la gran clave para analizar— acciones de promoción, enfocadas principalmente en publicidad y marketing relacional.

La tasa de respuesta estimada promedio para estas acciones suele medirse en alrededor de un 5% de los contactos realizados, aunque de ese 5% nada garantiza que efectivamente vayan a inscribirse en tu instituto. ¿Por qué? Y aquí vamos a algunas preguntas para reflexionar, y me permito compartir ideas que quizás te sirvan de inspiración para tu proyecto:

1) ¿Tienes consolidado el estilo de comunicación de tu empresa? Es muy importante contar con un manual de identidad corporativa, estilo de lenguaje definido, canales con bases de datos apropiadas para llegar más eficazmente al público meta que deseas alcanzar.

Usualmente, en muchos emprendimientos se utilizan distintos profesionales de la comunicación para llevar adelante las estrategias, por ejemplo, un diseñador gráfico —que generalmente es rotado cada varios meses—, una agencia de publicidad que diseña los avisos, etcétera. Es importante considerar la comunicación de una empresa como un todo, y saber que solo los mensajes con coherencia, sostenidos en el tiempo, impactarán en la mente de los consumidores. De esta forma, sabrás que tus comunicaciones son congruentes y consistentes.

2) ¿Has definido cuál es tu target? Otra creencia generalizada suele ser que por distribuir gran cantidad de folletos utilizados como *insert* en diarios y revistas, o dejados bajo puerta, se obtendrá una rápida y efectiva respuesta. No siempre es así. Además, la percepción del consumidor que recibe una comunicación con un folleto de esta forma no es la misma que aquella que se realiza uno a uno, conociendo los intereses de las personas a las que se dirige. Entonces, aquí va otra clave para considerar: segmentar tus públicos de manera tal que crees mensajes especiales para cada uno de ellos, siempre bajo el paraguas de tu marca central.

3) ¿Has entrenado a tu fuerza de ventas? Si obtienes un cierto resultado en repercusión (llamados, consultas, mails, visitas crecientes a tu *web*), quiere decir que potencialmente habría un interés en inscribirse en tus cursos. Sin embargo, si no obtienes el resultado comercial esperado, quizás debas revisar lo que sigue a ese primer contacto. La forma de atención, el entrenamiento de los telemarketers o responsables de atención al cliente, los uniformes, los materiales con información ampliada que se entregan a cada potencial

cliente, los folletos de venta —que son diferentes a los que se distribuyen masivamente— son otros elementos fundamentales para generar la respuesta buscada.

4) ¿Estudiaste los rangos de valores de cursos en tu ciudad y otras localidades vecinas? Este aspecto es fundamental, ya que te permitirá alinear tu estrategia de negocios y hacerla más competitiva. La información es el principal capital de tu compañía. Conocer al consumidor, cómo piensa, cómo actúa y cuáles son los determinantes de la contratación —o no— de tus servicios están determinados muchas veces por esta variable económica. ¿Tienes formas de pago accesibles, por ejemplo con tarjetas de crédito o débito? Cuanto más sencillos los trámites, más posibilidades de llegar a cumplir tus metas de ventas.

5) ¿Trabajas permanentemente con egresados de tus cursos? Aquí hay otra gran clave: detecta a centenares de personas que, seguramente, se quedaron muy conformes con el resultado, y atráelos mediante acciones especiales y exclusivas para ellos. A la vez, solicítales referidos y comparte sus testimonios, previa autorización, mediante la *web*.

6) ¿Brindas charlas y conferencias abiertas a todo público? Aprovechando las instalaciones de tu instituto, puedes ofrecer capacitaciones cortas gratuitas, siempre relacionadas con los cursos que ofreces, dirigidas a los distintos nichos de público. Esto te permitirá hacer bases de datos

específicas sobre esas personas, conocerlos cara a cara, y además, amplificar la calidad de tus servicios en la comunidad, ya que podrían transformarse, si salen satisfechos y enriquecidos de la experiencia, en voceros espontáneos.

7) ¿Tienes programas para empresas? Quizás puedas diseñar cinco paquetes de programas educativos para empresas, mediante los cuales tu institución se transformaría en un pilar de capacitación para las principales industrias radicadas en la región. Conozco varias compañías que operan a nivel nacional e internacional desde tu zona, quizás estén dispuestas a contratar tus servicios para que tu personal se acerque a los institutos —los trabajadores de la empresa, y por qué no, sus familias y amigos— financiados por esas empresas. Esto sería un "ganar = ganar" para ambos. Ellas recibirán contenidos de calidad y los ofrecerán como parte de sus programas de capacitación a sus empleados, y tú generarías masa de inscriptos para distintas actividades. Y recuerda, cada una de esas personas, en sí mismas, son voceros de tu experiencia, de manera que lograrías amplificar tu mensaje y tu calidad de servicio a muchas más que ese grupo primario de personas.

Espero que estas reflexiones sean de utilidad:

"Si siempre haces lo que siempre hiciste, siempre obtendrás lo que siempre obtuviste". Las claves son: acción para el cambio, movimiento, involucramiento y acción.

PLAN DE ACCIÓN – Ideas y próximos pasos:

1. Recuerda que la continuidad es la gran clave en las acciones de promoción
2. Piensa que la respuesta estimada de una acción de promoción suele estar en torno al 5%
3. Recuerda que el porcentaje de contactos realizados no es igual al número de clientes que obtendrás
4. Consolida el estilo de comunicación de tu empresa
5. Efectúa un manual de identidad corporativa
6. Usa un estilo de lenguaje definido
7. Considera la comunicación de tu empresa como un todo
8. Procura tener comunicaciones congruentes y consistentes
9. Define cuál es tu target
10. Entrena a tu fuerza de ventas
11. Capacita a tus telemarketers
12. Cuida la estética de los uniformes
13. Dispón de materiales con información ampliada para potenciales clientes
14. Corrobora los pasos que estás siguiendo luego del primer contacto con potenciales clientes
15. Revisa tu forma de atención
16. Compara los rangos de valores de tus cursos con otros similares

17. Conoce cómo piensa y cómo actúa el consumidor
18. Brinda charlas y conferencias abiertas a todo público
19. Ofrece capacitaciones cortas gratuitas
20. Elabora programas para empresas

EJEMPLO 2
PROMOCIÓN - EDUCACIÓN - BUSCANDO EL CRECIMIENTO - INSTITUCIÓN EDUCATIVA

Desafío:
Soy dueña de una institución educativa en una ciudad del interior de la provincia. Mi instituto ofrece carreras cortas con formación profesional, carreras terciarias, y convenio universitario con una universidad nacional para profesorados y capacitaciones docentes, todo con títulos oficiales. La consulta se relaciona a la necesidad de tener más inscriptos mediante una estrategia de promoción que me permita no solo captar nuevos alumnos, sino fidelizar a los actuales.

Respuesta:
En este caso, lo ideal es contratar a un equipo de profesionales en marketing y comunicación que trabajen en tu región. En caso de no encontrarlos, otra opción es localizar a algún profesional independiente o estudiante avanzado de carreras de marketing, comercialización o comunicación de tu zona para que puedan desarrollar juntos el plan estratégico que necesitas.

En cuanto a las tácticas, aquí van once claves para expandir tu negocio:

1) Capacitaciones gratuitas: Charlas abiertas para captar el interés sobre las carreras con menos inscriptos. Cada vez hay más avidez por contenidos calificados y de acceso gratuito. Estas charlas podrían servirte para recopilar bases de datos y, a la vez, detectar las capacitaciones apropiadas para nuevos públicos.

2) Página *web* permanentemente actualizada, no solo con información institucional, sino con notas, artículos, *links*, recursos, blogs y foros para generar tráfico de público a la misma y armar un "boca a boca" efectivo a favor de tu negocio.

3) Folletería de características profesionales. No improvises ni utilices servicios de mala calidad en diseño, impresión y contenido, recuerda que todo comunica y forma percepciones en tus potenciales clientes.

4) Realiza actos de graduación de despliegue impactante y con alto nivel de recordación. Busca diferenciarte de tu competencia. Con toda seguridad, los periódicos, radios y canales de televisión locales podrían cubrirlos periodísticamente, lo que generará una instancia mediática que repercutirá en el posicionamiento de tu marca.

5) Actividades para graduados (post-egresos): Mantenlos en contacto; ofréceles cursos cortos a valor diferencial; busca a los mejores e incorpóralos como docentes. Crea un "club de afinidad" entre ellos para que compartan experiencias con los nuevos estudiantes.

6) Actividades para referidos de estudiantes o graduados: Diseña un programa permanente de vinculación, de forma tal de seguir el contacto y crear una comunidad alrededor de tu instituto. Un punto interesante sería la creación de un premio o distinción anual, con un jurado confiable, para seguir generando instancias de promoción y comunicación.

7) *Newsletter* mensual con novedades: Genera un medio de comunicación propio. Presta especial atención en no crearlo solo como un boletín publicitario de las carreras, sino que debe contener notas de interés para la gente.

8) Puedes hacer un programa de becas con las radios y periódicos locales. Tú les cedes cierta cantidad de matrículas para determinados cursos —por lo general, los que necesitas incrementar en ventas— y ellos, a cambio, te dan promoción en sus medios. Incluso puedes organizar un ciclo de conferencias sobre temas de impacto comunitario, presentados en conjunto con los medios de comunicación de la zona, utilizando los salones de tu sede.

9) Invitación a referentes de renombre: Empresarios, actores, actrices, académicos y altos referentes podrían ser invitados por tu instituto para dar charlas y conferencias de acceso libre, presentadas por la institución como sponsor.

10) Actividad filantrópica: Crea algunas actividades de impacto comunitario que te permitan fijar la marca de tu instituto en la mente de los potenciales consumidores y la comunidad en general.

11) Revisa el sistema de atención al cliente. La mejora en la atención telefónica y personal es determinante del éxito en el mundo de los negocios. Uniformes, guía de atención telefónica, ABC de las preguntas frecuentes, promociones en matrículas y cuotas mensuales son parte de las estrategias que puedes estudiar.

Recuerda que hoy no alcanza solo con ofrecer excelentes productos, sino que hace falta ser innovador, audaz y mantener continuidad en todas las acciones que realizas.

En un futuro cercano el mundo será de los apasionados. Será de quienes estén motivados, de aquellos que no solo cuenten con grandes caudales de energía, sino que puedan transmitirla a quienes se encuentren a su alrededor.
—**Jack Welch**, Presidente y CEO de General Electric.

PLAN DE ACCIÓN - Ideas y próximos pasos:

1. Ofrece capacitaciones gratuitas
2. Brinda charlas abiertas para captar el interés
3. Ten tu página *web* permanentemente actualizada
4. Incorpora notas, artículos, *links*, recursos, blogs y foros para generar tráfico de público
5. Crea folletería de características profesionales
6. Haz actos de graduación de despliegue impactante y con alto nivel de recordación
7. Realiza actividades para graduados (post-egresos)
8. Practica actividades para referidos de estudiantes o graduados
9. Elabora un *newsletter* mensual con novedades (no como boletín publicitario de las carreras)
10. Pon en marcha un programa de becas
11. Estrecha tu comunicación con las radios y periódicos locales
12. Negocia cierta cantidad de matrículas para ciertos cursos a cambio de publicidad gratuita en radios y periódicos
13. Invita a referentes de renombre a dar charlas
14. Sé sponsor de conferencias de acceso libre presentadas por referentes
15. Crea algunas actividades de impacto comunitario; instaura un premio anual
16. Implementa tácticas para fijar la marca de tu instituto en la mente de los potenciales consumidores

17. Mejora la atención telefónica y personal
18. Ten un ABC de las preguntas frecuentes
19. Cuida la homogeneidad de los uniformes del personal
20. Ofrece promociones en matrículas y cuotas mensuales

Cómo mejorar la comunicación con sus posibles clientes y cómo comunicar la vuelta al mercado de una marca

Una buena imagen nos proyecta a un lugar preferencial ante el cliente y los públicos a los que nos dirigimos, pero ¿es suficiente? Definitivamente, no. Todos conocemos casos de empresas con grandes inversiones en marketing, publicidad y comunicación, cuyo resultado final, sin embargo, es pobre y alejado de la percepción que la gente se ha formado de ellas.

Para poder mejorar la comunicación con los clientes, aquí te comparto cinco claves decisivas que te ayudarán a captar mejores oportunidades y transformarlas en un "ganar = ganar" para ambas partes:

1) **Conócelos:** Este principio tan sencillo es frecuentemente olvidado. Más allá de la información que

puedan proveerte, acércate, invítalos, haz reuniones, capacítalos en forma gratuita sobre temas de interés. Establece un trato de confianza alejado de lo "confianzudo".

2) **Despierta interés:** Muéstrales los aspectos de innovación que estás desarrollando. Al hacerlo, estarás presentándote a la vanguardia dentro de tu segmento. Para esto necesitarás hacer un profundo relevamiento de la competencia directa e indirecta, y detectar esos nichos o "agujeros negros" donde podrás calzar lo que haces.

3) **Establece un lenguaje comunicacional:** Logotipo, isotipo (el símbolo de tu marca), colores, aplicaciones del logo, promociones, publicidad, notas en la prensa, auspicios, eventos, donaciones y, sobre todo, la formación de tu fuerza de ventas, son esenciales para armar este formato de diálogo con tus consumidores.

4) **Una vez más, entrena a la fuerza de ventas:** Necesitas emplear mucho tiempo, recursos y dedicación permanente para que todos los que tengan contacto con tus clientes estén alineados en todo momento. La distorsión y los "ruidos" de comunicación se perciben sensorialmente y luego se anclan en la mente en forma negativa.

5) **Innova permanentemente:** Puedes desarrollar un tiempo parcial de un equipo de tu empresa dedicado a nuevas prestaciones y productos. Esto permitirá que el mercado sepa, sienta y te perciba como que

estás inventando la rueda en todo momento. Además, toda la empresa adquirirá una flexibilidad y disposición al cambio que a tu competencia le llevaría mucho tiempo desarrollar.

Examinemos posibles ideas y acciones a implementar en estos ejemplos claros y concisos:

EJEMPLO 1
COMPUTACIÓN- NUEVO EMPRENDIMIENTO - COMERCIO

Desafío:
Soy empresario y me acabo de integrar a una empresa comercializadora que vende todo lo relacionado a computación, como monitores, impresoras, cámaras digitales, maletas y estuches para notebooks, memorias, entre otros productos. Mi intención es atraer a emprendedores o clientes nuevos, y que se tornen distribuidores. ¿Qué puedo hacer al respecto desde la promoción y la comunicación?

Respuesta:
Seguramente, comenzar con algo nuevo trae nueva energía, entusiasmo, expansión, desafíos —que siempre son útiles para aprender— y posibilidades de negocios. Como operas en un segmento muy competitivo, hace falta diferenciarse y establecer un programa de promoción y comunicación profesional, para lograr los resultados. Aquí van algunos consejos:

a) ¿Cuál es tu ventaja diferencial? Este punto es central en el diseño de tu plan de negocios. ¿Qué te distingue?, ¿por qué la gente debe comprarte a ti y no a tus competidores?, ¿cuál es la estructura con la que cuentas para satisfacer la demanda en tiempo y forma?

b) Plan de negocios: Navegando en Internet —en sitios para emprendedores, *entrepreneurs*, pequeñas y medianas empresas— encontrarás mucha información de casos donde emprendimientos que podrían haber sido muy exitosos, han quedado en la nada por no tener diseñado un plan de negocios. Tus asesores contables y financieros podrán orientarte sobre cómo armar un plan de negocios, que es, ni más ni menos, la brújula estratégica de tu negocio. Busca y contrata los mejores profesionales.

c) Promoción: ¿Cuáles son los canales de promoción que estás implementando para promover tu negocio? ¿Tienes un *website*?, ¿has creado un boletín de novedades con contenido para posibles compradores *(prospects)*?, ¿estás creando estrategias novedosas desde el marketing para seducir a los clientes? Estos aspectos son clave para que puedas despegar tu emprendimiento. Si la respuesta es "No" a por lo menos una de las preguntas anteriores, te sugiero que te pongas en marcha. ¿Cómo hacerlo? Aquí van algunas sugerencias:

1. Análisis F. O. D. A.: El F. O. D. A. es una herramienta de análisis que proviene del marketing

(Fortalezas - Oportunidades - Debilidades - Amenazas). Tómate un buen tiempo para reflexionar sobre cada uno de estos aspectos, aplicados a tu emprendimiento. Escríbelos, no los memorices o hagas de esto un proceso mental. Haz un cuadrante en un papel y coloca los atributos que correspondan a cada segmento del F. O. D. A. La síntesis final es que obtendrás valiosa información sobre los próximos pasos para consolidar "esa parte" de tu negocio.

2. Promoción: Puedes crear un sistema que te permita captar la atención de tus posibles clientes. Por ejemplo, consigue un producto especial, único, que casi nadie ofrezca en tu zona, y entrégalo gratuitamente dependiendo de los volúmenes de compra. Esto te permitirá crear una corriente de atracción de tus consumidores, lo cual puede determinar que, con el tiempo, fidelices ventas.

3. Otro aspecto importante es la identidad de tu negocio. Se necesita ser muy creativo para que tu *website*, *newsletters* y demás piezas de comunicación —como tu identidad corporativa, logotipo, etiquetas, *packaging*, papelería y tarjetas personales— sean verdaderamente atractivas y, de alguna manera, "inolvidables" en la mente del consumidor.

4. Genera contenidos. Ofrece contenido con notas de interés, artículos sobre lo nuevo que se viene

—y que tú les ofrecerás en poco tiempo—. Hoy no alcanza con enviar una foto y un folleto con una ficha técnica de una nueva tecnología, a la gente le gusta saber más y, sobre todo, para qué puede utilizarla.

5. Crea vínculos personalizados: Visita a tus clientes; releva sus fechas de cumpleaños y aniversarios especiales, los nombres de sus familiares, los clubes deportivos de los que son fanáticos, así podrás saludarlos en cada ocasión y establecer comunicaciones uno a uno con mayor empatía.

6. Invítalos a un seminario de actualización profesional —con un buen desayuno, almuerzo o cóctel complementario—. Puedes lograr que muchas marcas a las que les compras productos financien esta actividad en lo que se denomina *"co-branding"* (acción de marca compartida). Y, a la vez, brinda un contenido diferente y exclusivo.

7. Crea una *hotline*: A tus clientes preferentes puedes enviarles una promoción especial con un número especial de teléfono —a modo de "teléfono rojo"— donde recibirán atención privilegiada. Hazlos sentir importantes.

La habilidad de aprender más rápido que la competencia es quizá la única ventaja competitiva sostenible que una empresa puede tener.
—Arie de Geus, ejecutivo de Shell.

PLAN DE ACCIÓN - Ideas y próximos pasos:

1. Apunta a destacar tu ventaja diferencial
2. Busca comunicar por qué deben comprarte a ti y no a tus competidores
3. Asegúrate de contar con la estructura para satisfacer la demanda en tiempo y forma
4. Crea un boletín de novedades con contenido para posibles compradores
5. Aplica estrategias novedosas desde el marketing para seducir a los clientes
6. Haz un análisis F. O. D. A de tu empresa
7. Plasma los resultados del F. O. D. A por escrito
8. Tómate el tiempo para reflexionar sobre el F. O. D. A aplicado a tu emprendimiento
9. Desarrolla un sistema que te permita captar la atención de posibles clientes
10. Consigue un producto especial, único, que casi nadie ofrezca en tu zona
11. Entrega gratuitamente un producto especial dependiendo de los volúmenes de compra
12. Sé creativo al crear *websites*, *newsletters* y demás piezas de comunicación
13. Genera contenidos
14. Ofrece contenidos con artículos sobre lo nuevo que se viene
15. Crea vínculos personalizados
16. Visita a tus clientes

17. Invita a tus clientes a un seminario de actualización profesional
18. Brinda un buen desayuno, almuerzo o coctel complementario
19. Negocia con marcas a las que les compras productos que financien esta actividad
20. Impulsa tácticas de *co-branding* (acción de marca compartida)

EJEMPLO 2
INDUMENTARIA - BUSCANDO EL CRECIMIENTO - PYMES

Desafío:
Soy dueño de una fábrica nacional de ropa deportiva que cerró sus puertas por la crisis argentina del 2001. Tres años después reabrí mi empresa y pude darles trabajo a cerca de cuarenta familias. Hoy busco darme a conocer a clientes finales, clientes mayoristas y comercios o distribuidores que quieran comercializar mis productos. Creo que mi marca está aún presente en la mente del consumidor y bien considerada por el público, pero debo volver a salir al ruedo. ¿Qué puedo hacer para lograr reflotar la fábrica y generar más ventas?

Respuesta:
Que una empresa deba cerrar sus puertas por una crisis ajena a su responsabilidad directa no es algo que deba esconderse, no es motivo de vergüenza. Y si esa empresa

tiene la capacidad de volver a producir, qué mejor que darlo a conocer.

Por eso, nada mejor que valerse de las buenas noticias y comunicarlas, ya que tienen un gran valor para la comunidad. Si estás reabriendo, cuéntaselo a todo el mundo: reestablece tu base de contactos y efectúa un envío masivo con la nueva noticia a clientes, posibles clientes, proveedores y demás. Entra en contacto con los medios. Haz foco en las secciones de Economía y Negocios. Cuenta tu historia, la reapertura es siempre un caso de éxito.

Además, considera lo siguiente:

1) Destina un presupuesto para publicidad, promoción y relaciones públicas, por lo menos para el primer año. Debes considerar una fuerte inversión en este segmento, el momento lo amerita y seguramente te reportará grandes beneficios. Haz una buena campaña de comunicación y publicidad con profesionales. Cuentas con una gran ventaja: la reapertura de la fábrica es una noticia en sí misma, no necesitas crearla.

2) Enfatiza los valores de tu marca. Destaca la importancia de la reapertura para la comunidad. Pon especial acento en el hecho de ser una marca nacional que sufrió los vaivenes económicos del país y que ahora resurge con más fuerza.

3) Piensa en un rediseño de tu imagen institucional, ya que es un buen momento para implementarlo, dejando atrás el pasado y concentrándote en una visión de futuro. Piensa en recrear tu isologo, manteniendo los valores que los clientes reconocen, procurando obtener una identidad visual conceptual de tu proyecto que represente tu visión de futuro. Analiza añadir una frase o slogan que sirva para comunicar la nueva etapa que la empresa atraviesa: "Volver a vivir" u otra del estilo puede ser una opción. Genera nueva folletería de calidad.

4) Programa estratégicamente el relanzamiento de la marca. Organiza un evento con buena presencia de invitados relevantes para tu negocio. Invita a los medios. Si realizas un rediseño de tu imagen institucional es el mejor momento para darlo a conocer.

5) Pon en marcha las herramientas de la *web*. Apela a las redes sociales: Facebook es una excelente aplicación para llegar al público joven y a los amantes del deporte. Rediseña tu sitio *web* y, fundamentalmente, siempre comunica que la empresa está de vuelta y no piensa cerrar nunca más, todo lo contrario, va hacia adelante, hacia arriba, hacia la cima.

Creo que el marketing es una palabra que no tiene un significado universal. Planes de marketing, estudios de mercado... nunca he realizado esas cosas, aunque no reniego de ellos. Cuando lanzo un nuevo producto al mercado, lo que me preocupa es que esté lo mejor posible y que me guste. En este trabajo hay un 90% de pura intuición.

—**Ágatha Ruiz de la Prada**, diseñadora y empresaria.

PLAN DE ACCIÓN - Ideas y próximos pasos:

1. No sientas vergüenza por una crisis ajena a tu funcionamiento
2. Da a conocer que "estás vivo", que "reviviste"
3. Válete de las buenas noticias y comunícalas
4. Si estás reabriendo, cuéntaselo a todo el mundo
5. Reestablece tu base de contactos
6. Efectúa un envío masivo con la nueva noticia a clientes, posibles clientes, proveedores y demás
7. Entra en contacto con los medios
8. Haz foco en las secciones de Economía y Negocios
9. Destina un presupuesto para publicidad, promoción y relaciones públicas
10. Haz una buena campaña de comunicación y publicidad con profesionales
11. Enfatiza en los valores de tu marca
12. Destaca la importancia de la reapertura para la comunidad

13. Pon especial acento en el hecho de ser una marca nacional
14. Rediseña tu imagen institucional
15. Piensa en recrear tu isologo manteniendo los valores que los clientes reconocen
16. Analiza añadir una frase o slogan que sirva para comunicar la nueva etapa que la empresa atraviesa
17. Piensa en un relanzamiento de la marca
18. Organiza un evento con buena presencia de invitados relevantes para tu negocio
19. Invita a los medios
20. Pon en marcha las herramientas de la *web*

CAPÍTULO 11

La clave de la publicidad es publicitar en los medios clave

Existe diversidad de medios y de productos, por lo que hacer copia de estrategias globales de productos parecidos al nuestro no funciona. Es necesario elegir cuidadosamente en qué medios vamos a publicitar, de qué forma, con qué mensajes y con qué frecuencia. Además de mejorar nuestro alineamiento comunicacional, esto nos permitirá ahorrar mucho dinero.

Las agencias de publicidad suelen tener un atributo muy preciado, que es la creatividad. Sin embargo, debes saber que no pueden hacer magia ni llevar a cabo ciertas acciones por ti. Necesitas ser generoso con la información que compartes, incluso aquellos aspectos negativos de tu negocio que aún no has podido mejorar o corregir.

Cuando haces publicidad, quizás quieras llegar a determinados nichos del mercado. Esta segmentación, en el lenguaje profesional, te permitirá captar la atención más rápidamente que si lo haces con mensajes tan abarcativos que las personas clave posiblemente no sientan como propios. Por eso, la elaboración de un buen plan de medios y la asignación de recursos presupuestarios acordes son estratégicos para que la publicidad produzca resultados.

Me parece leer tus pensamientos: "¿Y qué hay de esa gente que contraté una vez y no me trajeron ni un cliente al negocio?". Con una sonrisa amable debo decirte: ¡bienvenido al club! Todos hemos pasado por eso alguna vez. La publicidad es una herramienta, aunque no la única. De hecho, te animo a que combines herramientas en lugar de quedarte solo con los anuncios. Además, piensa a conciencia si de verdad ofreciste toda la información necesaria antes de lanzar la campaña, o si simplemente enviaste un correo electrónico o hiciste un llamado con dos o tres frases, y con eso pensabas que ibas a obtener un buen resultado.

Debo admitir que hace tres décadas es posible que eso haya funcionado. Pero en la actualidad, en más del 80% de los casos, ya no resulta. Necesitas hacer una experiencia completa en tu local, con tus vendedores, en la ambientación, en los aromas, la música que se escucha, el lenguaje con que comunica tu marca, las vidrieras, la presentación del producto en un envase o su envoltorio. Y luego sí, concentrarte en la publicidad.

Si llevamos a cabo estos cambios, tendremos nuevos y mejores resultados. Apliquémoslos a estos ejemplos:

EJEMPLO 1
INDUSTRIA METALÚRGICA - BUSCANDO
EL CRECIMIENTO - PYMES

Desafío:

Poseo una empresa metalúrgica, pero no es una "mega empresa", por lo que no dispongo de mucho dinero para destinar a promoción y publicidad. Tengo un potencial de crecimiento interesante; el problema es cómo darme a conocer en un sector como el metalúrgico, que no suele ser noticia y que no sale en medios masivos.

Respuesta:

Te tengo una buena noticia: no es necesario contar con los recursos de una "megaempresa" para hacer una buena campaña promocional, aunque sí es necesario saber que el secreto está dado por encontrar la forma, el lenguaje y la estrategia, acompañada de los medios más adecuados.

En cuanto a la publicidad, lo importante en publicidad es hacer foco en el público clave para tu negocio. Pagar pauta publicitaria en lugares y medios donde no lo verán posibles clientes tuyos es desperdiciar recursos. Muchas veces lo mejor es apelar a los medios zonales o barriales, pues son más influyentes y generan mejores resultados que una publicidad más masiva, y seguramente los costos serán inferiores. Puedes aprovechar los planes para pequeños anunciantes y potenciar la visibilidad de tu negocio.

Entonces, en primer lugar, piensa estratégicamente. Analiza cuál es tu público clave. Observa dónde se ubica. Detecta qué medios consume. Y luego realiza el análisis a la inversa: cuáles son los medios que llegan a tus posibles clientes, cuál es el más importante, el que tiene más prestigio, el que tiene más tirada de ejemplares, el más leído o escuchado, el más visitado en la *web*.

Luego pasa a un segundo nivel. Analiza en qué lugares suelen moverse tus clientes y potenciales clientes, para saber dónde puedes colocar una publicidad estática, dónde puedes dejar tu folletería, dónde puedes estampar tu nombre para generar reconocimiento de marca, y otras acciones.

Una vez que tengas hecho este análisis debes hacer un último paso estratégico: definir prioridades y contrastar esas prioridades con tus recursos disponibles para comunicación y publicidad. En base a ese análisis determina cuál es el medio más conveniente, cuál es la acción de comunicación más redituable, cuál es el plan de publicidad que te brinda mejores condiciones de costo-beneficio, cuál es la acción que te permite recordación de marca sostenida en el mayor tiempo posible, etcétera. La recomendación, siempre, es trabajar con profesionales reconocidos y no con improvisados.

Sin dudas, al final de este camino verás que el horizonte no es tan sombrío y que tus recursos pueden ser más que suficientes para realizar una comunicación y una publicidad que te permita realimentarlos.

Lo primero que el público rechaza que no se cumpla, es con la promesa de la organización. Y si el personal de la empresa no está convencido de la promesa, será difícil que la comunique efectivamente.

—Federico Rey Lennon, consultor y académico argentino.

PLAN DE ACCIÓN - Ideas y próximos pasos:

1. Recuerda que el secreto de una buena pauta publicitaria está dado por encontrar el medio más adecuado
2. Haz foco en el público clave para tu negocio
3. No desperdicies recursos
4. No pagues pauta publicitaria en lugares y medios donde no lo verán posibles clientes
5. Apela a los medios zonales o barriales
6. Piensa estratégicamente
7. Analiza cuál es tu público clave
8. Observa dónde se ubican tus potenciales clientes
9. Observa qué medios consume tu público objetivo
10. Analiza los medios
11. Observa cuáles son los medios que llegan a tus posibles clientes
12. Analiza cuál resulta el medio más importante para tu negocio
13. Investiga qué medio tiene más prestigio y más tirada de ejemplares

14. Analiza en qué sitios suelen moverse tus clientes y potenciales clientes
15. Piensa dónde puedes colocar una publicidad estática
16. Piensa dónde puedes dejar tu folletería
17. Vislumbra dónde puedes estampar tu nombre para generar reconocimiento de marca
18. Define prioridades
19. Contrasta tus prioridades con tus recursos disponibles para comunicación y publicidad
20. En base a tu análisis, determina cuál es el medio más conveniente

Palabras finales

Si quieres un resultado diferente, necesitas hacer algo diferente. Como habrás notado, así es el esquema de pensamiento de este libro en el que te he invitado a salir de lo conocido para sumergirte en el apasionante arte de crear estrategias ganadoras utilizando la promoción, el marketing y la comunicación como herramientas clave para hacer crecer tu negocio. ¿Estás listo? No lo dudes, ¡ha llegado tu turno!

www.ingramcontent.com/pod-product-compliance
Lightning Source LLC
Chambersburg PA
CBHW020202200326
41521CB00005BA/228